Hans Speier
Witz und Politik

Hans Speier

Witz und Politik

Essay über die Macht

und das Lachen

Edition Interfrom AG · Zürich

Vertrieb für die Bundesrepublik Deutschland:
VERLAG A. FROMM, Osnabrück
ISBN 3-7201-5058-5
Einbandgestaltung: Waltraudt Ahrens
Gesamtherstellung:
DRUCKHAUS FROMM GmbH. & Co., Osnabrück

INHALT

DIE PROVINZ DES POLITISCHEN WITZES

Politische und unpolitische Witze

Philogelos, die alte griechische Witzsammlung des Hierocles und Philagrios, enthält die Geschichte von einem Mann, dem man erzählt, daß Raben mehr als zweihundert Jahre alt werden. Er hält sich daraufhin einen solchen Vogel im Käfig, um festzustellen, ob man ihm die Wahrheit gesagt hat[1]. Diese Geschichte ist auch in einer japanischen Fassung bekannt, die aus dem 17. Jahrhundert stammt, und schließlich auch noch als ein neuer deutscher Witz. Die japanische Geschichte ist etwas ausführlicher. „Man sagt, daß Schildkröten zehntausend Jahre alt werden. Ein gedankenvoller Mann fing eine junge Schildkröte und sagte: ‚Ich will sie behalten und sehen, ob das wahr ist.' Sein Freund lachte und sprach: ‚Das Leben ist wie der Tau auf der Hibiskus-Blüte. Wie alt wir auch werden, es sind niemals mehr als hundert Jahre. Wie sollte dann irgend jemand feststellen können, ob eine Schildkröte zehntausend Jahre alt wird?' Der Mann erwiderte: ‚Schade!'[2]" Gegen Ende der Regierungszeit Adenauers glaubten viele Deutsche, daß der alte Herr entschlossen war, niemals sein Amt aufzugeben. Es hieß, der Bundeskanzler züchte Riesenschildkröten, um herauszufinden, ob sie wirklich ein Alter von dreihundert Jahren erreichen[3].

Diese drei verschiedenen Fassungen desselben Witzes, zeitlich mehr als eintausend Jahre und kulturell ebenso weit voneinander entfernt, werfen zwei grundsätzliche Fragen auf. Wo im Reiche des Witzes liegt die Provinz des politischen Witzes? Und wie ist es zu erklären, daß Menschen verschiedener Kulturkreise und Zeiten über sehr ähnliche Witze lachen? Wie wir sehen werden, ist dies oft der Fall.

Ein unpolitischer Witz – die griechische oder japanische Fassung in unserem Beispiel – kann politisch werden, wie in der deutschen Version, wenn eine öffentliche Persönlichkeit in den Witzvorgang einbezogen wird, so daß sie lächerlich erscheint. Aber dieser Sachverhalt genügt nicht für die Bestimmung des politischen Witzes. Denn nicht nur prominente Machthaber, sondern auch die Schwachen und Unbekannten können politisch verspottet werden. Der politische Witz übt keineswegs immer nur Kritik an dem Mißbrauch der Macht. Man könnte vielleicht sogar behaupten, daß nicht die Späße „von unten", sondern die „von oben", aus Triumph statt aus Auflehnung geboren, die ursprünglichen politischen Scherze sind.

Ferner sind die Zielscheiben des politischen Witzes „von unten" nicht notwendigerweise einzelne, hervorragende Personen. Es können auch Gruppen, Bevölkerungskreise oder soziale Schichten sein, deren gesellschaftliche Stellung bestritten wird: der Adel, Neureiche, Eroberer, Repräsentanten der Besatzungsmächte, die Polizei, die Richter usw. Ebenso gibt es in sehr vielen Kulturen Witze über andere Völker und über ethnische, politische, soziale oder religiöse Minderheiten, deren angebliche Unterlegenheit oder Fremdheit verspottet wird: Iren, Neger, Katholiken, Juden, Sizilianer, Ostfriesen, Nachbarvölker, Eroberer, Unterworfene usw.

Schließlich können sich politische Witze auch gegen bestehende Institutionen, politische Maßnahmen oder öffentlich anerkannte Werte richten[4]. Im Herbst 1974 hörte man in Amerika zum Beispiel viele Witze über die Inflation, von denen nicht einmal alle die Regierung aufs Korn nahmen; einige behandelten die Geldentwertung vielmehr in der Art des Galgenhumors wie ein Unglück oder in der Mischform von spöttischer Kritik und Selbstverspottung, die besonders oft bei medizinischen Witzen vorkommt: „Operation erfolgreich, Patient gestorben." Im Galgenhumor wird Unglück als etwas hingenommen, gegen das sich nichts tun läßt, wie schlechtes Wetter oder der Tod. In dem folgenden amerikanischen Witz, den es auch in einer etwas früheren deutschen Version gibt, kommt die Regierung recht glimpflich davon: „Die Regierung wünscht, daß wir uns die Gürtel enger schnallen, aber wir haben die Gürtel schon gegessen." Jedenfalls richtet sich diese Bemerkung nicht eigentlich gegen Personen, sondern gegen die unzureichenden Maßnahmen, die sie getroffen haben. Auch in dem folgenden Beispiel wird kein Mitglied der Regierung angegriffen, sondern ihre Politik und Propaganda. „Iwan, der als Panzersoldat an der Besetzung der Tschechoslowakei teilgenommen hat, kehrt nach drei Monaten in seine russische Garnisonstadt zurück. In der Kantine wird er mit Fragen bestürmt: ‚Wie war das nun? Hast du Konterrevolutionäre in Prag gesehen?' ‚Überall Konterrevolutionäre, nichts als Konterrevolutionäre!' Nach einer Weile fragt jemand: ‚Und was ist mit Jewgenjew, wann kommt denn der zurück?' Genosse Iwan antwortet zögernd: ‚Der wird wohl erst später wiederkommen, ziemlich spät — er hat nämlich keine Konterrevolutionäre gesehen'[5]."

Schließlich ist es möglich, daß eine alte Anekdote oder ein *Bonmot* plötzlich einen politischen Sinn enthüllt, ohne daß Namen genannt werden, wenn nur die Hörer eine politische Anspielung wittern. Wo man glaubt, das Militär sei korrupt, dort wird die folgende Definition, die vor ein paar Jahren in Lima umlief, zu einem kritischen politischen Witz. „Was ist ein Oligarch? Ein Mann, der wie ein General lebt, aber nicht von seinem eigenen Geld[6]."

Der Witz als Waffe

Offensichtlich hängt das Verständnis des politischen Witzes von dem Verständnis des Politischen ab. Insoweit als Politik Kampf um Macht ist, erscheint der politische Witz als eine Waffe in diesem Kampf. Wie Überredung und Lüge, Rat und Schmeichelei, Ehrung und Bestechung, Verbannung und Gewalt, Gehorsam und Verrat, so gehört auch der Witz zu dem reichen Instrumentarium der Politik. Wir hören daher oft, der politische Witz sei eine Angriffswaffe, mit der ein aggressiver, politisch engagierter Mensch einen Gegner, eine Einrichtung oder eine Maßnahme lächerlich macht. Vielleicht ist es pedantisch zu erwähnen, daß der politische Witz gelegentlich defensiven Zwecken dienen kann, aber er bleibt auch dann eine Waffe.

Ende Oktober 1972, bei einem Besuch des damaligen Bundespräsidenten in London, brachte ein Journalist Gustav Heinemann in Gegenwart des Außenministers

Scheel in Verlegenheit. Heinemann hatte die Errichtung einer deutsch-britischen Stiftung für das Studium der Industriegesellschaft bekanntgegeben. Der Journalist fragte ihn, was denn deutsche Gewerkschaftler in England lernen könnten. Heinemann schaute etwas betreten auf Scheel. Dieser nahm seine Zigarre aus dem Mund und sagte: „Englisch[7].“ Die defensive Funktion des politischen Witzes erscheint besonders deutlich in schlagfertigen Antworten auf angriffslustige Äußerungen. Parlamentarische Debatten liefern dafür viele Beispiele, besonders in England, wo witzige Schlagfertigkeit eines Abgeordneten sein Ansehen unter den Kollegen erhöht. In den Vereinigten Staaten sind parlamentarische Debatten im allgemeinen weniger witzig als in England, was Clement Attlee darauf zurückgeführt hat, daß im Kongreß sehr viel für den Abdruck im *Congressional Record* geredet werde, damit dann der Nachdruck an die Wähler im Heimatstaat verschickt werden kann; dabei erleiden Debatten Einbußen an Lebhaftigkeit: auf Schlagfertigkeit steht keine Prämie.

Es gibt natürlich aggressive und defensive Witze, die unpolitisch sind. Ein Witz, der auf einer privaten Gesellschaft auf Kosten eines Gastes erzählt wird, kann zwar das Opfer zum „Feind“ des Witzboldes machen und sowohl zu seiner „Unterlegenheit“ als auch zu einer „Koalition“ des Witzboldes mit den lachenden Zuhörern führen; ebenso kann er eine engere Verbindung zwischen dem Opfer und denjenigen Zuhörern herstellen, die nicht in das Lachen einstimmen. Aber in diesem Fall kann man von politischen Rollen und Beziehungen nur im weitesten Sinne des Wortes sprechen, denn die private Gesellschaft ist keine Institution öffentlicher Politik. Das gleiche gilt für unpolitische Witze mit defensiver Funktion. Ein unpolitischer, defensiver Witz, der übrigens der japanischen Geschichte von der Schildkröte verwandt ist, ist die Anekdote über den Diener Cagliostros, des berühmten Hochstaplers und Alchimisten. Cagliostro behauptete, mehr als 1000 Jahre alt zu sein und mit Pontius Pilatus gesprochen zu haben. „Eines Tages wollte ein skeptischer Edelmann herausfinden, ob das wahr wäre, und fragte Cagliostros Lakaien: ‚Ist es wahr, daß dein Herr so alt ist, wie er behauptet?' Da antwortete der Diener: ‚Ich weiß es nicht. Ich bin erst 400 Jahre in seinem Dienst[8].'"

Ablenkende und entschärfende Witze

Der Hinweis auf die aggressiven und defensiven Funktionen des Witzes im politischen Kampf wird dem politischen Humor nicht völlig gerecht. Schon Cicero erwähnt, daß Witz Feierlichkeit und Strenge mildere und daß der geschickte Redner imstande sei, die Macht aggressiver Bemerkungen, die sich nicht leicht mit Argumenten entkräften lassen, mittels eines Witzes zu brechen.

Ähnliches findet sich bei Quintilian, der seine Ausführungen über den Witz im Dienste des Redners mit der Beobachtung beginnt, daß er die Aufmerksamkeit des Richters ablenke oder ihn auch, wenn er sich langweile, erfrischen und wiederbeleben könne. Dementsprechend enthält auch Castigliones reiche Sammlung von Witzen im zweiten Buch des *Cortegiano* die folgende schöne Anekdote. Dem Bischof von Padua wird berichtet, ein Priester habe fünf Nonnen geschwängert. Ein gewisser Marcantonio della Torre bittet den Bischof, den Priester nicht zu bestrafen. Der Bischof erwidert, er könne nichts anderes tun. Das Lucas-Evangelium (XVI: 2) zitierend, sagt er, wie solle er dem Herrn am Tage des Jüngsten Gerichts Rede stehen, wenn er aufgefordert würde: „Tue Rechnung von deinem Haushalten." Marcantonio zitiert darauf schlagfertig das Matthäus-Evangelium (XXV: 20): „Herr, du hast mir fünf Talente gegeben; siehe da, ich habe damit andere fünf Talente gewonnen." Der Bischof konnte nicht umhin, zu lachen, was seinen Ärger und die Strafe minderte, die er dem Missetäter zugedacht hatte[9].

Im gleichen Sinne, wenn auch schärfer, hat sich Richard Brisley Sheridan, der Verfasser der *School for Scandal* und anderer Komödien, geäußert. Sheridan, ein Gegner von William Pitt, war einer der witzigsten Politiker in der Geschichte Englands. Seiner Ansicht nach bestand das englische Parlament zu vier Fünfteln aus Landbesitzern und Narren. Er hätte sie daher zunächst auf irgendeine Weise zum Lachen gebracht, so sagte er, um die Erinnerung an das auszulöschen, was in Opposition zu seinen Ansichten vorgebracht worden war. „Dann setzte ich ihnen rasch ein Argument vor, und nichts stand mir mehr im Wege[10]."

Auch eine besondere Form des amerikanischen politischen Humors, die der Ablenkung vom Streit dient, darf nicht unerwähnt bleiben. Es ist die scherzhafte Parabel. Sie stammt aus dem Süden und wird von Politikern aus den Südstaaten gelegentlich im Kongreß mit Erfolg verwendet. Zum Beispiel hat sie Volksvertretern aus dem Süden dazu gedient, ihre Stellung zur Frage der Bürgerrechte zu rechtfertigen, die bei Politikern aus anderen Gegenden des Landes nicht populär war. Ein Beobachter hat darüber gesagt, daß solche Geschichten darauf abzielen, „die Spannung im Kongreß und in den Ausschüssen zu vermindern wie auch Debatten und Abstimmungen zu verzögern[11]". Beispielsweise äußerte sich der bekannte Senator Samuel Ervin in den Bürgerrechtsdebatten im Jahre 1959 wie folgt: „Der Herr Justizminister hat eine strafrechtliche Bestimmung, die er anwenden kann. Er hat eine zivilrechtliche Bestimmung, die er anwenden kann. Aber er wendet sich an den Kongreß, um ihn um eine dritte Bestimmung zu ersuchen. Der Herr Justizminister erinnert mich an einen Burschen, der sich auf Freiersfüßen befand. John bewarb sich um Mary, und John sagte zu Mary: ‚Mary, wenn du nicht wärst, was du bist, was würdest du sein wollen?' Mary sagte: ‚Ich würde eine amerikanische Schönheitsrose sein wollen.' Und dann fragte sie John: ‚John, wenn du nicht wärst, was du bist, was würdest du sein wollen?' Und John sagte: ‚Mary, wenn ich nicht das wäre, was ich bin, möchte ich ein Tintenfisch sein.' Mary sagte: ‚John, was ist ein Tintenfisch?' John sagte: ‚Ein Tintenfisch ist ein Fisch, der tausend Arme hat.' Mary sagte zu John: ‚Also gut, John, wenn du ein Tintenfisch wärst, was würdest du dann mit den tausend Armen machen?' Und John sagte zu Mary: ‚Mary, ich würde dich in alle meine Arme nehmen.' Mary sagte zu John: ‚Scher dich weg, John. Du benutzt ja nicht einmal die zwei Arme, die du hast' (Gelächter). Der Herr Justizminister der Vereinigten Staaten hat bereits zwei Arme. Ich versichere die Herren Senatoren, daß überall im Süden ein Arm genügt, um jeden zu fassen, der vorsätzlich irgend jemand, gleichviel welcher Farbe oder Rasse, davon abhält, sich zur Wahl einzuschreiben oder zu wählen, oder der es verhindert, daß die Stimme so gezählt wird, wie sie abgegeben worden ist[12]."

Die Geschichte von John und Mary ist an sich unpolitisch. Ihre harmlose Komik wird erst dadurch politisch, daß der Erzähler den Bezug auf bestimmte politische Umstände herstellt. Der Erzähler erscheint also in zwei verschiedenen Rollen. Als Erzähler der Geschichte ist er ein humorvoller Beobachter ohne Absicht, aktiv in das Leben einzugreifen; erst dadurch, daß er die Geschichte als Parabel behandelt, das heißt ihre politische Nutzanwendung verdeutlicht, nachdem die Gegner durch Gelächter abgelenkt sind, spielt er wieder die Rolle eines Politikers. Der Witz steht also im Dienst einer List, wenn auch einer List ohne Falschheit.

In all den erwähnten Beispielen handelt es sich um zweierlei. Der Gegner wird vom Streit abgelenkt, und der Streit wird auf versöhnliche Weise entschärft. Natürlich möchte der Erzähler seine Gegner veranlassen zu lachen, statt zu streiten, um ihnen unbeschadet zu entkommen und möglichst seine Sache zum Sieg zu führen. Gleichzeitig rückt er aber auch den Kampf selber in ein anderes Licht. Er erinnert gewissermaßen die Gegner daran, daß Politik nicht nur aus Streit besteht, sondern auch Gemeinsamkeiten voraussetzt. Lachen solidarisiert. Jeder Witz verbindet die Lachenden miteinander. Bei der Geschichte des Senators Ervin glauben sie zunächst, nur über John und Mary und nicht auf Kosten des Justizministers zu lachen. Daher beeinflußt der ablenkende politische Witz nicht nur den Ausgang des Streites, sondern auch die Streitlust der Beteiligten. Er verwandelt sie gewissermaßen, indem er den bestehenden Konflikt entschärft. In England war besonders Churchill ein Meister in der Kunst, die Hochspannung eines Konflikts im House of Commons durch einen Witz zu entladen. Auch von Franklin D. Roosevelt wird erzählt, daß er Kontroversen und Animositäten in seinem Kabinett mit Witzen zu entschärfen wußte.

Bestimmte politische Witze können also Streitende miteinander versöhnen. Dem entspricht die Tatsache, daß das Politische nicht nur aus dem Kampf um die Macht besteht, sondern auch dem Gemeinsinn, der Ordnung, dem Gesetzlichen, der Eintracht und dem Frieden dient. Dafür noch ein weiteres Beispiel. Die diplomatischen Beziehungen zwischen der Bundesrepublik und Israel wurden erst zwanzig Jahre nach dem Ende des Zweiten Weltkrieges unter Bundeskanzler Erhard wiederhergestellt. Verständlicherweise gab es anfangs Widerstand gegen die Anwesenheit eines deutschen Botschafters in Israel. Es kam sogar zu Demonstrationen, gegen die Botschafter Rolf Pauls klugerweise nicht protestierte. Vierzehn Tage nach seiner Ankunft in Tel Aviv wurde er zum erstenmal zu einem privaten Essen eingeladen. Ein junger israelischer Industrieller unterhielt die Gäste mit jüdischen Witzen. Pauls wollte in das Lachen miteinstimmen, nahm aber aus Takt oder Befangenheit davon Abstand. Er berichtete später, daß das Eis erst gebrochen war, als der charmante Erzähler sich an ihn mit den Worten wandte: „Lachen Sie, Herr Botschafter. Machen Sie uns das Vergnügen und lachen Sie bitte[13]."

Der heilende Witz

Ablenkende und entschärfende Witze liegen an der Grenze der Provinz des politischen Humors. Fehlte in der Geschichte des Senators Ervin von John und Mary die politische Nutzanwendung, so wäre sie ein harmloser Scherz ohne jede Tendenz. Untendenziöse Witze setzen nun einen Beobachter voraus, der sich vom Leben und Treiben distanzieren kann. Der Humor eines solchen Beobachters ist eine Art Stärkungsmittel. Er hat nichts mit List und Manövern in der politischen Arena zu tun. Der politische Witz als Waffe ist pragmatisch: Er schlägt Wunden. Der rein betrachtende Witz steht über dem Kampf: Er heilt. Ablenkende und entschärfende Witze liegen zwischen Pragmatik und Kontemplation. Als List im politischen Streit oder zwecks Schlichtung eines Streites verwendet, sind sie pragmatisch, als Humor aber kontemplativ und heilend.

Wenn auf der kritischen Suche nach dem politischen Nutzen des Witzes die Aufmerksamkeit lediglich auf die pragmatischen Funktionen gerichtet ist, so darf man annehmen, daß der Kritiker daran interessiert ist, die Welt zu verändern, statt sie hinzunehmen, wie sie ist – eine Grundhaltung der modernen Wissenschaft und der Welt, der sie angehört. Die Revolutionäre und die Wissenschaftler sind humorlos. Wissenschaft verträgt sich nicht mit reinem Humor. Humor akzeptiert Natur und Gesellschaft. Er ändert nicht die Umstände, auf die er ein Licht wirft, obwohl er imstande ist, das Unbehagen und sogar die Verzweiflung über sie zu mindern. Er ändert nicht die Lebensbedingungen oder die Macht über sie. Er hilft nur, das Unabänderliche besser zu ertragen, und erinnert die Mächtigen und Machtlosen manchmal daran, daß sie nicht immer ernst zu nehmen sind.

Am 13. Dezember 1862 fand während des amerikanischen Bürgerkrieges die Schlacht bei Fredericksburg statt, in der die Armee der Union hohe Verluste erlitt, doppelt soviel wie die Truppen des Südens. Im Norden herrschte tiefe Niedergeschlagenheit. Am Tage nach der Schlacht besuchte der Abgeordnete Isaac N. Arnold Präsident Lincoln. Er fand ihn damit beschäftigt, ein Buch des Humoristen Ward zu lesen. Arnold verhehlte nicht, daß ihn dieser Leichtsinn schockierte. Später berichtete er, daß Lincoln daraufhin das Buch hinwarf und mit Tränen im Gesicht und am ganzen Körper zitternd ausrief: „Mr. Arnold, wenn ich nicht vorübergehend Erleichterung fände von der erdrükkenden Bürde, die ich dauernd trage, würde mein Herz brechen[14]."

Witze können selbst in der Form des Galgenhumors lindernd und befreiend wirken. Es gibt viele Witze dieser Art in vielen Sprachen. So erzählt man sich folgende Geschichte von dem Kölner, der nach einem Bombenangriff aus seinem völlig abgebrannten Haus in das unversehrte seines Nachbarn zog. Er wandte sich ruhig an seinen Gastgeber mit den Worten: „Do bes mer doch ne ärme Kääl." (Du bist mir doch ein armer Kerl.) Der Nachbar fragte erstaunt: „Wiesu dann?" – „Ich han et hinger mer, ävver do hes et noch för dir!" (Ich habe es hinter mir, aber du hast es noch vor dir!)[15]

Der zynische politische Witz

Es gibt eine weitere Form des politischen Witzes, die unter keine der bisher erwähnten Kategorien fällt. Er ist weder aggressiv-defensiv noch ablenkend oder entschärfend; schließlich fehlt ihm auch die befreiendtröstende Wirkung des distanzierten Humors, der die Misere dieser Welt hinnimmt wie seine Freuden. Dies ist der zynische Witz, der sich nicht gegen bestimmte Personen richtet, sondern moralische Entfremdung vom Politischen überhaupt zum Ausdruck bringt.

Auf Lokalpolitik bezieht sich ein zynischer Witz über eine niederbayerische Gemeinde, die ihrem Bürgermeister auf die Schliche gekommen war. „Er hatte sich, vorsichtig ausgedrückt, von allem und jedem eine Scheibe abgeschnitten. Zuerst war die allgemeine Forderung, er müsse abgesetzt werden. Aber dann, in einer Sondersitzung des Gemeinderates, entschloß man sich einstimmig anders: ‚Bleib'n muaß er! Der hat jetzt an Kragen scho voll! Bis mir uns wieder an neuen herfuattern . . .'[16]."

Das zweite Beispiel ist ein Witz größeren Formats. Er stammt aus der Zeit des Kalten Krieges, ist aber auch in neueren antikommunistischen Witzsammlungen zu finden. Wie alle zynischen Witze hat er eine demaskierende Funktion. Er ist sozusagen Ideologiekritik in knapper, durchschlagender Form. Roosevelt, Churchill und Stalin treffen sich im Jenseits und unterhalten sich über den Zweiten Weltkrieg. Churchill nimmt eine Zigarre aus einem großen Lederetui, das er auf dem Tisch offen liegen läßt. Die beiden anderen Herren bemerken, daß es innen eine Aufschrift trägt: „Dem Retter des britischen Reiches – die dankbaren Völker des Reiches." Nach einer Weile zündet Roosevelt eine Zigarette an, die er einem silbernen Etui entnimmt. Auch er legt es geöffnet auf den Tisch. Churchill und Stalin bemerken verstohlen die eingravierte Widmung: „Die Völker des Erdballs in Dankbarkeit dem Retter der Welt." Stalin verzieht keine Miene, nimmt aber langsam ein goldenes Etui aus der Brusttasche. Noch während er das Streichholz an die Zigarette hält, lesen die anderen die feinziselierte Inschrift: „Der Wiener Jockeyclub dem Fürsten Esterhàzy."

Das ist natürlich ein aggressiv antikommunistischer Witz. Aber er ist mehr als das. Er verweist den Anspruch des Nationalismus und aller Beglückungsideologien in den Bereich des Wahns und konfrontiert diesen Wahn mit der angeblichen Wirklichkeit des nackten Nutzens. Die Pointe des Witzes richtet sich nicht eigentlich gegen Roosevelt und Churchill und auch nicht ausschließlich oder zusätzlich gegen Stalin als Oberhaupt der Kommunisten, sondern gegen jede ideologische Begründung von Politik, gleichviel, ob sie kapitalistisch oder kommunistisch ist, und gleichviel, ob ihr Ziel Gerechtigkeit, Ruhm oder Frieden ist.

DAS REICH DES WITZES

Die Provinz des politischen Witzes liegt in dem großen Reich des Witzes. Ebenso wie der politische Witz, rein betrachtend, das Zweckhafte der Politik spielerisch, melancholisch oder zynisch hinter sich lassen kann, so lachen wir auch im Falle unpolitischer Witze oft über dieselben Dinge, die uns unter anderen Umständen zu ernster Tätigkeit anspornen. Wir können über den Menschen, der sich irrt oder töricht ist, lachen oder ihn belehren, so daß er in Zukunft den Irrtum vermeidet oder seine Unwissenheit behebt. Wir können versuchen, dem Menschen, der physisch oder moralisch stolpert und fällt, zu helfen, statt über ihn Witze zu reißen. Wir bemitleiden Mißgestaltete und Gebrechliche, obwohl sie oft verspottet werden. Kurzum, das Komische liegt im Auge des Beschauers. Im Falle des unpolitischen Witzes schließt es eine Absage an die Haltung des Helfens und Verbesserns ein; dasselbe gilt in bezug auf den Kampf von heilenden und entschärfenden politischen Witzen: Nur die aggressiven, defensiven und ablenkenden politischen Witze sind pragmatische Mittel zum Sieg im politischen Streit.

Für diese Schrift, die sich mit dem politischen Witz befaßt, ist es weder ratsam noch notwendig, den vielen Gründen des Lachens und dem Wesen des Komischen so genau wie möglich nachzugehen. Dennoch müssen wir gewisse Techniken und Grundinhalte des Witzes im allgemeinen näher betrachten, um die Aussage nicht zu verfehlen.

Zunächst seien kurz gewisse Techniken des Witzes behandelt, nämlich das Element der Überraschung und andere Verfahren, die sich aus dem Wesen der Sprache und des logischen Denkens ergeben. Die erste grundlegende Beschreibung solcher Sprachwitze, die man auch Wort- und Sinnspiele nennen könnte, stammt von Cicero[17]. Ihm folgend, werden einige Typen der Sprachwitze erwähnt, die auch unter politischen Witzen immer wieder vorkommen. Dies wird eine Gelegenheit geben, auf die Bedeutung eines Phänomens hinzuweisen, das man die Aura des Witzes nennen könnte: Der unpolitische wie der politische Witz eröffnen uns eine zweite, andere Sicht der Welt, in der wir leben.

Neben den Wortwitzen gibt es auch lächerliche Situationen. Diese Unterscheidung ist uralt und findet sich bereits bei Homer. Odysseus entweicht mit Hilfe eines Wortspiels Polyphem, dem Riesen, den er geblendet hat. Als der Zyklop ihn fragt, wie er heiße, antwortet er: „Niemand", so daß Polyphem später, von seinen Genossen danach gefragt, wer ihn mißhandelt habe, nur die törichte Antwort geben kann: „Niemand." Andererseits benutzt der lahme Hephaistos ein geschmiedetes Netz, um seine Frau und ihren Liebhaber im Bett festzuhalten. Als er die Götter ruft, um den Skandal zu besichtigen, brechen sie in Lachen aus über die komische Lage, in der das gefangene Liebespaar sich befindet.

Wenn wir nun die lächerlichen Situationen, die in politischen und unpolitischen Witzen immer wieder beschrieben werden, genauer betrachten, so zeigt sich, daß sie durch die Natur des Menschen und der Welt, in der er lebt, vorgegeben sind. In vielen politischen

Witzen tragen außerdem die unveränderlichen Aspekte des politischen Lebens und nicht nur die physische Beschaffenheit der Welt zu der Langlebigkeit oder Wiedergeburt alter Witzinhalte bei. Das eingangs erwähnte Paradox der Überzeitlichkeit des politischen Witzes erklärt sich, wie wir sehen werden, aus der Zeitgebundenheit seiner Einkleidung und der Zeitlosigkeit bestimmter sprachlicher Techniken und gewisser menschlicher Grundsituationen.

Die Überraschung

Die Wirkung jedes Witzes – gleich ob er politisch oder unpolitisch ist – hängt davon ab, daß er den Zuhörer überrascht. Das Unerwartete überrascht um so mehr, je kürzer die überraschende Aussage ist. Die witzigste Überraschung besteht aus einem einzigen unerwarteten Wort. Zur Nazizeit erzählte Karl Valentin in seinem Münchener Kabarett: „Früher haben bei uns die Ultramontanen geherrscht. Und was haben wir gehabt? Bonzen. Dann, nach der Revolution, sind die Marxisten gekommen. Und was haben wir gehabt? Bonzen. Jetzt endlich haben wir die Nationalsozialisten. Und was haben wir heute? Freitag[18].“ Ähnlich explosiv ist das Ende der Geschichte über den Schulungskurs in einer landwirtschaftlichen Genossenschaft der DDR: „Die Sowjets fliegen schon zum Mond!“ ruft der Redner emphatisch. Ein Bauer fragt: „Alle?“[19]

Die komische Wirkung der Überraschung ist nicht auf Witze beschränkt. Man begegnet ihr auch in humoristischer Prosa und Poesie. Eine Geschichte in Ihara Saikukus Buch „Fünf verliebte Frauen“ (1686) enthält die Beschreibung einer schönen Frau, die von einer Gruppe junger Burschen auf einer Straße in Kyoto entdeckt wird. Ihre charmanten Züge, ihre anmutigen Bewegungen und ihr kostbares Gewand werden mit offensichtlichem Genuß dargestellt. „‚Welch ein Gewinn für jemanden, der Glück hat‘, sagte einer der jungen Burschen. Aber diese Worte waren ihm kaum entfahren, als die Dame, sich an einen ihrer Diener wendend, den Mund öffnete und es sich erwies, daß ihr einer ihrer unteren Zähne fehlte ...[20]“ Ein anderes Beispiel ist Heinrich Heines Gedicht „Donna Klara“ (1824), eine Ballade geheimer und leidenschaftlicher Liebe zwischen einer stolzen Dame und einem höchst anmutigen jungen Ritter. Während des Vorspiels zum Liebesakt macht Donna Klara kein Hehl aus ihrem starken Vorurteil gegen das „schmutzige Judenvolk“. Als sie sich dann schließlich in der Myrtenlaube aus seinen Armen reißt, fragt sie nach seinem „lieben Namen“.

Und der Ritter, heiter lächelnd,
Küßt die Finger seiner Donna,
Küßt die Lippen und die Stirne,
Und er spricht zuletzt die Worte:
Ich, Sennora, eur Geliebter,
Bin der Sohn des vielbelobten,
Großen, schriftgelehrten Rabbi
Israel von Saragossa[21].

Die Wirkung der Überraschung im politischen Witz ist am größten, wenn das Unerwartete sich auf Tod

und Leben bezieht, d. h. im makabren politischen Witz. Die folgende Geschichte wurde zu Stalins Lebzeiten in verschiedenen Fassungen erzählt. Stalin hält auf dem Roten Platz in Moskau vor einer Massenversammlung eine Rede. Jemand niest. Stalin zögert. Der Befehlshaber des MWD-Kommandos auf dem Platz fragt: „Wer hat geniest?“ Eisiges Schweigen. Der Kommandeur läßt die erste Reihe der Versammlung vortreten und gibt Befehl zum Feuer aus den Maschinenpistolen. Stalin fährt fort zu reden, und wieder niest jemand. Nach derselben Prozedur wird die zweite Reihe der Versammlung niedergemäht. Als Stalin zum drittenmal durch ein Niesen unterbrochen wird, meldet sich auf die Frage, wer es gewesen sei, ein zitternder alter Mann in der vordersten Reihe: „Ich war es.“ Darauf ruft Stalin freundlich: „Gesundheit, Genosse!“
Da die Wirkung vieler Witze vom Überraschungseffekt abhängt, ist eine den Zuhörern bekannte Geschichte kein Witz mehr. Wird sie trotzdem erzählt, so ruft sie Betretenheit statt Gelächter hervor. Aus dem gleichen Grunde kann man einen Witz dadurch verderben, daß man ihn demjenigen erklärt, der ihn nicht verstanden hat. Man entsichert dann gewissermaßen eine Granate, die bereits explodiert ist.

Wortspiele

Wortspiele gab es zu allen Zeiten und in allen Sprachen: Im Sanskrit, im Griechischen und Lateinischen, im Chinesischen und Japanischen sowie in allen lebenden Sprachen des Westens. Viele große Schriftsteller haben Kalauer geliebt. Wu Ch'eng-en, der Verfasser des chinesischen Romans *Der Affe*, nicht weniger als Aristophanes, Shakespeare und Dr. Johnson; Rabelais, Grimmelshausen, Melville und Artemus Ward ebenso wie Lewis Carroll, James Joyce, Groucho Marx und – Churchill. In *Der Affe* finden wir: „Aber sage mir, was ist dein *hsing* (Nachname)? ‚Ich zeige niemals *hsing*' (Erregung), sagte der Affe[22]." Und von Mark Twain stammt ein kostbares Wortspiel, das leider auch unübersetzbar ist. Bei einem Essen seines reichen Freundes Rogers sagte ein Gast, der neben Twain saß, vertraulich zu ihm: „Das Geld Ihres Freundes ist mit einem Makel behaftet (*tainted*)." Mark Twain erwiderte: „Es hat zwei Makel – es ist nicht Ihres, und es ist nicht meins" (It's *tainted* twice – *'taint* yours and *'taint* mine)[23].

Im Wortspiel ist die Wirklichkeit verwandelt; wir tun nichts als staunen und lachen. Wir lachen über sie, weil in ihr die Welt, die wir kennen und in der wir sonst leben und leiden, durch eine zweite Sicht verwandelt erscheint. Nach Henri Bergsons Meinung ist eine Situation immer komisch, „wenn sie gleichzeitig zwei völlig voneinander unabhängigen Reihen von Ereignissen angehört und gleichzeitig in zwei grundverschiedenen Bedeutungen verstanden werden kann[24]". Aber es ist wichtig hervorzuheben, daß dieses Verständnis der „zweiten Reihe" – die zweite Sicht – das spielerische Ergebnis schöpferischer Anschauung und Intelligenz ist. Dies trifft durchaus bereits auf den Kalauer zu, der laut Aristoteles die niedrigste Art des Humors und laut Sidney Smith die Grundlage allen Witzes ist.

Die zweite Sicht, die der Kalauer, wie jeder Witz, eröffnet, kann mit einem Hinweis auf Christian Morgensterns Gedicht „Anto-Logik“ bewußt gemacht werden. Das Gedicht beruht auf dem Wortspiel, das sich mit einer angeblichen Verwandtschaft von „Gigant“ und „Elefant“ befaßt. Es beginnt:

„Im Anfang lebte, wie bekannt,
als größter Säuger der G i g - ant
Wobei g i g eine Zahl ist, die
es nicht mehr gibt, so groß war sie!
Doch jene Größe schwand wie Rauch.
Zeit gab's genug — und Zahlen auch.

Auch der „Z w ö l e f - ant“ entstand und verschwand im Laufe der Zeit. Dann aber:

Zwar gab die gütige Natur
den E l e f - anten uns dafur ...[25]

Dem Kalauer, auf dem Morgensterns dichterische Spielerei beruht, verdanken wir (sowie wir ihn verstehen) „eine geistige Doppelsicht“ des Sinnes von „Elefant“ oder ein „doppeltes Bewußtsein“ — als Ergebnis eines Prozesses, der im Grunde dem Lösen eines Problems verwandt ist. Dr. Hughlings Jackson hat in einer bemerkenswerten Rede vor beinahe hundert Jahren die schöpferische Intelligenz, die dem Verständnis von Kalauern (und anderen Witzen) zugrunde liegt, als „Mehr-Intelligenz“, *surplus mind,* bezeichnet „über der, und etwas mehr als die, welche zur Erlangung der Nahrung und zu bloß tierischer Befriedigung“ erforderlich ist[26]. Er hat in diesem Zusammenhang auch auf das Phänomen der „quasi-gesunden" Erinnerung hingewiesen und auf ihre morbiden Formen in gewissen Arten der Epilepsie. Er hat dann solche „Traumzustände" mit den Kalauern als einer „morbiden Tätigkeit im schwachen Sinn" verglichen[27]. Diese überraschenden Beobachtungen könnten möglicherweise auch zur Erklärung der Tatsache beitragen, daß viele Menschen, die einen Kalauer hören, ein leichtes Unbehagen spüren oder es zumindest durch ein abweisendes Stöhnen vorspiegeln. Sollte dieses Benehmen vielleicht dazu dienen, unbewußte Angst vor Tollheit (kindischem Verhalten) abzuwehren? Ist das Verständnis des zweiten Sinnes ein schwaches Echo der uralten Verbindung der Dichter und Seher mit enthusiastischem Wahnsinn?

Buchstabenversetzung

Das Spiel mit dem Sinn eines Wortes durch Änderung der Rechtschreibung, zuweilen nur durch Versetzung eines einzigen Buchstabens, ist weit verbreitet. Cicero erwähnt die Veränderung des Namens Nobilior in „Mobilior", wodurch jemand, der „nobel" ist, „mobil" wird. Mehr als tausend Jahre später hat Grimmelshausen dasselbe Wortspiel dazu benutzt, um in seinem Roman *Die Landstörzerin Courasche* den Anspruch der Heldin auf gesellschaftliches Ansehen zu ironisieren. Es ist unwahrscheinlich, daß Grimmelshausen diesen Wortwitz, der einer sexuellen Anspielung dient, von Cicero entlehnt hat. Statt dessen entdeckte er wahrscheinlich spontan die humoristische Möglichkeit dieses Buchstabenspiels. Bei Castiglione findet sich als Witz die Schreibweise „Alexander Vi“ für „Alexander VI“, was im Lateinischen aus „Papst Alexander dem Sechsten“ einen „Alexander, Papst durch Gewalt“ macht. Dies ist schon nicht mehr harmlos. Ebenso wenig untendenziös ist die Geschichte, die man sich über Rabelais erzählt. In seiner Todesstunde bat er um das Karnevalskostüm eines Domino. Als er es angezogen hatte, sagte er nicht, *„In Domine morior“* (Ich sterbe im Herrn), sondern seine letzten Worte waren das blasphemische Wortspiel: *„In domino morior“*.

Im achtzehnten Jahrhundert war der Meister des auf Wortspielen beruhenden Humors in Deutschland Georg Christoph Lichtenberg. Sigmund Freud hat in seiner Untersuchung über Witze und ihre Beziehungen zum Unbewußten Lichtenberg oft zitiert. Er erwähnt unter anderem auch Lichtenbergs Bemerkung über den Gelehrten, der seinen griechischen Studien so hingegeben war, daß, wenn ihm das Wort „angenommen“ bei der Lektüre begegnete, er „Agamemnon“ las.

Es gibt auch sehr viele politische Witze, die auf solchen Buchstabenversetzungen beruhen. In Anthony Burgess' Roman *The Clockwork Orange*, nimmt ein „Ministry of the Inferior“ (Ministerium des Minderwertigen) den Platz des „Ministry of the Interior“ (Ministerium des Innern) ein. In der Bundesrepublik fragte man 1973, „Was haben der Berliner Reichstag und die Bundesregierung gemeinsam? – Beide wurden durch Brand(t) zerstört.“ Ein Drucker in der DDR landete im Gefängnis, weil er dafür zur Verantwortung gezogen wurde, daß Walter Ulbricht als „Erster Sekretär des KZ“ (statt: ZK) bezeichnet worden war.

Dem Witz, der sich der Versetzung oder Auslassung eines Buchstabens bedient, um eine überraschende Wirkung hervorzurufen, ist der Schüttelreim verwandt. Politische Schüttelreime sind jedoch selten. Ein besonders guter stammt von Franz Mittler, einem Meister der Kunst. Er ist überschrieben „G I in Germany" und lautet:

„An Wotans Wunderesche
Hängt er die Unterwäsche[28]."

Es dürfte schwer sein, charakteristische Schwächen zweier Nationen in einem kürzeren Vergleich ohne Bosheit so schlagend darzustellen.

Wortmanipulationen größeren Stils sind schwieriger als Buchstabenversetzungen, und wenn sie gelingen, meist witziger. Der Preis für den besten politischen Ausspruch dieser Art gebührt wohl Johann Nestroy. In den letzten Tagen während seines Aufenthaltes in Graz im Jahre 1830 kam es bei einer Aufführung von Schillers *Don Carlos* zu einer politischen Demonstration. Die Zuschauer beantworteten die an den Marquis von Posa gerichteten Worte des Prinzen, „Arm in Arm mit Dir, so fordr' ich mein Jahrhundert in die Schranken!" mit einem Beifallssturm. Die Polizei verstand dies richtig als Ausdruck lang zurückgehaltenen Freiheitswillens. Das Stück wurde aus dem Spielplan entfernt, wie mehr als ein Jahrhundert später ja auch im Deutschland der Nazizeit. In Graz wurde unversehens statt des *Don Carlos Figaros Hochzeit* auf den Spielplan gesetzt, eine Aufführung, in der Nestroy die Rolle Bartolos sang. In der Szene nun, in der Bartolo mit dem Intriganten Basilius zusammentrifft, nahm

Nestroy diesen unter den Arm und führte ihn dicht an die Rampe. Dort zögerte er unter wachsender Spannung des Publikums und sagte schließlich: „Arm in Arm mit dir – so fordr' ich Beschränktheit fürs Jahrhundert." Nach einem orkanartigen Lachsturm mußte Nestroy verkleidet aus dem Fenster klettern, um der Polizei zu entkommen, wurde später aber dennoch in Wien hinter den Kulissen verhaftet[29].

Mehrdeutigkeit des Wortsinns

Witze – nicht weniger als Poesie und die Sprache der Diplomatie – bedienen sich oft der Mehrdeutigkeit des Wortsinns. Cicero empfahl solche Witze wegen ihrer Eleganz und Gelehrsamkeit. Er erwähnt den Fall des Titius, der ein ausgezeichneter Tennisspieler war und gleichzeitig in dem Verdacht stand, nachts eine geheiligte Statue beschädigt zu haben. Terentia Vespia entschuldigte seine Abwesenheit auf dem Campus Martius damit, „daß er einen Arm gebrochen habe". Ihr Scherz hing natürlich von dem einmaligen Zusammentreffen zweier verschiedener, nicht miteinander verbundenen Ereignisse ab: Tennis spielen und Vandalismus. Der Witz besteht hier im Doppelsinn der Entschuldigung.

Das nächste Beispiel bezieht sich stattdessen auf die Langlebigkeit eines Doppelsinns, der in vielen Jahrhunderten der Erfahrung, dem Einfühlungsvermögen und dem Verständnis unmittelbar und jederzeit zugänglich geblieben ist, wenigstens unter Christen. Rabelais und wahrscheinlich viele andere vor ihm, wie

Grimmelshausen nach ihm, haben den Ausdruck „Wiederauferstehung des Fleisches" zweideutig verwendet, so daß der obszöne Sinn zutage trat. Auch Donne bediente sich dieses Bildes. Dem kann man zwar eine blasphemische, aber keine politische Bedeutung beimessen. Zur Nazizeit tauchte derselbe Ausdruck jedoch als Pointe in einem politischen Witz auf, in dem von dem Glaubensschwund und dem Kirchenaustritt von Frau Göring die Rede war. In der neuen Fassung war der Witz noch immer obszön und blasphemisch, da ja der Zweifel an der sexuellen Potenz des Ehemanns dem religiösen Unglauben gleichgesetzt war, aber all dies bezog sich nun plötzlich auf den Reichsmarschall und damit auf eine Person des öffentlichen Lebens[30].

Noch heute erfreut sich der politische Witz, der die doppelte Bedeutung des Wortes „aufhängen" (eines Gegners oder seines Bildes) ausbeutet, besonderer Beliebtheit. Seine Geschichte ist bis in die Zeit der Französischen Revolution und hin zu einem englischen Buch aus dem Jahre 1630 zurückverfolgt worden[31]. Man kann mit Gewißheit die immer neue Wiedergeburt dieses politischen Witzes voraussagen; er wird im Umlauf sein, solange Menschen wünschen, daß jemand sterbe, der Wunsch aber zu schwach ist, um zum Mord zu führen.

Wörtlicher und gemeinter Sinn

Schon Cicero und nach ihm viele Beobachter der Sprachwitze haben darauf hingewiesen, daß es komisch sei, wenn der wörtliche Sinn des Ausspruchs für den eigentlich gemeinten Sinn gehalten würde. Heute verbinden wir diese Art von Witz mit dem Narren Till Eulenspiegel. Nach einem guten Mahl bestand Eulenspiegel zum Beispiel darauf, daß der Wirt ihm Geld schulde, denn er habe ihm ein Essen „für Geld“ zugesagt. Ungefähr vierhundert Jahre später waren viele der Antworten, welche die Vorgesetzten von Jaroslav Haseks gutem Soldaten Schwejk im Ersten Weltkrieg zur Verzweiflung trieben, nach demselben Muster gebildet. Und noch heute belustigt ein Charakter namens Amelia Bedelia in den Kinderbüchern von Peggy Parish die jungen Leser auf genau dieselbe Weise.

Da diese Technik des Witzes sich gut dazu eignet, ein dummes Opfer zu verspotten, so sollte es uns nicht wundern, sein ursprüngliches Vorbild in der griechischen Antike zu finden. Im griechischen Witz wird besonders gern die Dummheit angeprangert, die gewöhnlich den Einwohnern bestimmter Städte zugeschrieben wird; im *Philogelos* sind es Abdera an der Nordküste des Ägäischen Meeres – den Deutschen bis heute ja recht wohl aus Wielands Roman *Die Abderiten* bekannt –, ferner Kyme in Kleinasien und die Phönikerstadt Sidon. Übrigens haben auch andere Völker solche bevorzugten Narrenstädte und -gegenden, z. B. die Perser Emessa, die Deutschen Schilda und neuerdings Ostfriesland, die Ostjuden Chelm; selbst in Castigliones Unterhaltung am Hof von Urbino über den Witz werden Bürger von Venedig, Florenz und Brescia wegen ihrer Dummheit verspottet. In einem alten griechischen Witz möchte ein Einwohner von Kyme einen Bekannten besuchen und ruft ihn vor seinem Haus beim Namen. Jemand rät dem Besucher lauter zu rufen. Darauf läßt er den Namen weg und ruft: „Herr Lauter!“ [31] Man vergleiche damit den bekannten politischen Witz über Präsident Hindenburg, dem man auch ähnliche Witze auf Kosten Kaiser Franz Josephs zur Seite stellen kann: „Hindenburg wettert über die Verlotterung der Jugend. Der Souffleur: ‚Nächtelang treiben sie sich in Bars herum –‘ Hindenburg (mit sonorer Stimme): ‚Nächtelang treiben sie sich in Bars herum –‘ Souffleur: ‚und auf Bällen –‘ Hindenburg (flüsternd): ‚Wie?‘ Souffleur: ‚– und auf Bällen – Bällen –‘ Hindenburg (sonor): ‚Wauwau.‘“ [32]

Unsinn

Jeder Witz gibt uns eine zweite Sicht. Er versetzt uns in eine Welt, in der die Gesetze der Logik aufgehoben sein können, Übertreibung erlaubt ist und das Bizarre uns weniger überrascht als das Konventionelle. Nichts ist in diesem Reich unmöglich: Tiere, Steine und selbst die Toten können reden, Gegenstände werfen gelegentlich keine Schatten, die Bäume wachsen in den Himmel, und die Sprache des Witzes, die der des Rätsels ähnelt, duldet die übermütigste Willkür. Diese Zaubermacht des Witzes leuchtet am sanftesten in den besten orientalischen Späßen. „Bei einer Zusammenkunft fröhlicher Leute fragte einer: ‚Hat jemand von euch irgendwann einmal Donner mit Essig gegessen?‘ ‚Nein, natürlich nicht. Noch niemals so etwas gehört. Hast du es denn getan?‘ ‚Oh ja.‘ ‚Wie hat es denn geschmeckt? Süß oder sauer?‘ ‚Nein, ein bißchen wolkig.‘“ [33]

Dieser Scherz weist auf die Komik hin, die im Westen als Unsinnpoesie bekannt ist. Sie entzückt alle Kinder, denn sie lieben Verse, in denen die Gesetze der Logik nicht gelten und die Wunder einer verkehrten Welt besungen werden. In dieser Welt sitzt auf der grünen Bank, die rot angestrichen war, ein blond gelockter Jüngling mit kohlrabenschwarzem Haar, und die von den Giganten abstammenden Elefanten hüpfen von Ast zu Ast. Iona und Peter Opie haben in ihrem Buch über die Sprache der Schulkinder darauf hingewiesen, daß in gewissen satirischen Unsinnsreimen der Kinder die Erwachsenen verspottet werden[34]. Man kann dies wohl als kindlich-spielerische Auflehnung gegen Autorität und Würde verstehen und somit als Gegenstück zu gewissen politischen Witzen der Machtlosen gegen die Machthaber. Aber es ist ein Irrtum zu meinen, daß dieser kindliche Humor typisch englisch sei[35]. Er hat Parallelen in vielen Sprachen und steht in einem Kontinuum, das von uralten religiösen Paradoxen bis zu den Klanggedichten der Dadaisten, den Albträumen Karl Valentins und dem Theater des Absurden reicht.
In den indischen *Taittiriya Ananyaka* steht das Rätsel:

Der Blinde fand das Kleinod;
Der Fingerlose hob es auf;
Der Halslose hing es sich um;
Und der Stimmlose pries es[36].

Man vergleiche die Sicht der Welt, die diese Verse eröffnen, mit einer Geschichte, die Pulcinella erzählt; sie entstammt einem der „Ulkbücher“, *zibaldoni,* das die Schauspieler der *Commedia dell'arte* im sechzehnten und siebzehnten Jahrhundert benutzten, um ihren Improvisationen nachzuhelfen: „Da waren einmal drei

Jäger; der erste hatte keine Arme, der zweite keine Augen, und der dritte keine Beine. Der Armlose sagt: ‚Ich werde die Flinte tragen'; der Blinde sagt: ‚Ich werde schießen, sowie ich es sehe'; und der Beinlose sagt: ‚Ich werde hinlaufen und es aufheben ...'" und so weiter[37]. Auch viele alte Rätsel haben dieselbe Struktur, z. B. das arabische: „Drei Stumme tragen einen Toten, und der Tote spricht" (Die Finger und der Schreibgriffel); oder das deutsche Rätsel, das man als ein politisches Rätsel bezeichnen kann: „Wer nömt dem Kaiser on König alles vern'n Nas weg?" (Der Barbier)[38].

Als Beispiel eines dadaistischen Lautgedichtes genügen die ersten drei Zeilen von Hugo Balls „Wolken":

elomen elomen lefitalominai
wolminiscaio
beumbala bunga ...[39]

Die entsprechende Bemühung in der Musik bestand im Ersetzen des musikalischen Tons durch natürliche und mechanische Geräusche; die Dadaisten nannten dies Bruitismus. Im Juni 1918, als die ersten dadaistischen Lautgedichte im Züricher Kabarett „Voltaire" rezitiert wurden, notierte Hugo Ball in seinem Tagebuch: „Man verzichte mit dieser Art Klanggedichte in Bausch und Bogen auf die durch den Journalismus verdorbene und unmöglich gewordene Sprache[40]." Auf der unmöglich gewordenen Sprache des Alltags beruht auch die Komik in Ionescos „Kahler Sängerin" und die anderer Stücke des modernen absurden Theaters.

Die Unsinnspoesie trügt den Leser, der nur auf das Sprachliche achtet. Es handelt sich scheinbar nur um Dichtung, die vorwiegend Kinder ergötzt. Aber die Gedichte von Edward Lear und die unsinnigen literarischen Werke von Lewis Carroll machen im Grunde den Leser mit Traurigkeit und unheimlichen Alpträumen bekannt, in denen die Ordnung der Welt, die wir kennen, nicht gilt. Wir ertragen dieses antibanausische Chaos nur, wenn wir darüber staunend lachen. Das Gewohnte verliert seine Macht, die Namen der Dinge sind verschollen, die Schwerkraft ist aufgehoben, das Grinsen der verschwindenden Katze bleibt sichtbar, und die Todesstrafe wird verhängt, bevor das Urteil gesprochen ist. Auch in Karl Valentins „Lachkabinett" und „Panoptikum" handelt es sich um eine Welt des Chaos; „und das ist sehr lustig in seiner Art", sagte er. Auch bei ihm verfällt die Sprache in absurde Komik:

Wer allzu lange sind ist,
Ob arm, geht sich bei dem,
Das einmal es oft lieber sein,
Drum wird ja ohnedem,
Mitsammen, ja denn so kann,
Bei Deinen nicht schon sein,
Sobald man kann es bleiben soll,
Zusammen fein zu sein . . . [41]

Hugo Ball erwähnt in seinem Tagebuch, daß er eines seiner Bücher „in einer seltsamen Art von Wesensspaltung[42]" geschrieben habe. Wir wissen von den englischen Dichtern des Unsinns, Edward Lear und Lewis Carroll, daß sie ihr Publikum mit phantastischen Absurditäten erheiterten, die aus tiefen pathologischen Bereichen ihres Wesens stammten. Auch auf Karl Valentin trifft dies zu. Edward Lear war ein Epileptiker. Er war so sensibel, „daß ihn Lärm, Menschenansammlungen, laute Lustbarkeiten, Hunde, Narren und lang-

weilige Menschen beinahe zum Wahnsinn" trieben[43]. Er führte das Leben eines Sonderlings, in dem Frauen keinen Platz hatten. Lewis Carroll war ebenso empfindlich. Er soll niemals gelacht haben, war äußerst schüchtern und stotterte. Seine Gestalt und sein Gesicht waren asymmetrisch. Er bewunderte die Schönheit junger Mädchen, die er nackt fotografierte, während er männliche Kinder nicht leiden konnte, und sein Betragen führte ihn trotz sexueller Unbescholtenheit an die Grenze dessen, was im viktorianischen England als schicklich galt. Es erzürnte ihn, wenn man ihn, Lewis Carroll, den Dichter, mit Charles L. Dodgson, dem pedantischen Professor der Mathematik, verwechselte[44].
In all diesen Fällen bestätigt sich überraschend die Beobachtung Dr. Hughlings Jacksons von den morbiden Ursprüngen der zweiten Sicht, die komische Wort- und Sinnspiele eröffnen.

Defekte – physisch, geistig, moralisch

Sehr viele politische Witze versetzen Personen oder Figuren des politischen Lebens in allgemein-menschliche, komische Situationen oder schreiben ihnen gewisse Eigenschaften, wie Dummheit oder Großsprecherei, zu, um sie auf diese Weise dem Gelächter preiszugeben. Besonders die aggressiven politischen Witze schöpfen immer wieder aus diesen Quellen des Komischen. Bestimmte Eigenschaften und Ereignisse, die wir, allgemein gesprochen, als Defekte und Unfälle bezeichnen können, hält der Mensch für komisch, gleichviel auf welcher Strecke seines Weges durch die Geschichte er sich befindet und welcher Kultur er angehört.

Wie bereits erwähnt, können wir Defekten, Irrtümern und Unfällen pragmatisch begegnen, d. h. sie zu unserem Vorteil ausbeuten, wenn sie anderen widerfahren, oder sie durch belehrende Hilfe vermindern. Wir können aber über diese Dinge auch leise oder vernehmlich lachen, wenn wir die Unvollkommenheiten akzeptieren. Vor der Ausbeutung einer Notlage, die z. B. die Folge eines Irrtums ist, scheuen wir nicht zurück, wenn Feinde, Rivalen oder Konkurrenten sich darin befinden, es sei denn, moralische Bedenken halten uns in Schach. Den Menschen, die uns nahestehen, werden wir dagegen geneigt sein, zu helfen. Wenn Gegner, denen wir nichts anhaben können, sich in einer Notlage befinden, lachen wir möglicherweise hämisch, und wenn sie Macht über uns haben, hämisch und heimlich. Und manchmal, wenn ein Clown stolpert oder Bacchus in den *Fröschen* des Aristophanes verprügelt wird, lachen wir nicht nur, weil uns selber das Stolpern und die Prügel erspart worden sind, sondern weil es komisch ist, wenn die Ordnung der Welt spielerisch aufgehoben ist.

Aristoteles war der Ansicht, das Wesen des Komischen bestünde in einem Defekt. Nun ist der grundlegende Defekt des Menschen körperlicher Art. Das naive Lachen richtet sich daher oft auf das Zwerghafte oder Deformierte, den Humpelnden, den Einäugigen, den Stotterer, das Wanken oder Lallen des Trunkenen, den sehr dicken Menschen, die dünne Bohnenstange, den Eunuchen, die Gebrechlichkeit des Alters und dergleichen mehr. In der sogenannten guten Gesellschaft lachen wir nicht über diese Defekte, aber wir tun es durchaus, wenn wir auf der Bühne oder im Film eine Farce sehen, und vielleicht auch deshalb, weil der Schrecken, den Mißgestaltung einflößen kann, im Spiel gebannt ist.

Aber die taktvolle Unterdrückung des Lachens über körperliche Defekte ist eine zivilisatorische Leistung. Die Historiker lehren über die Antike, daß nicht nur in der Komödie, sondern auch in der allgemeinen Rede und im gesellschaftlichen Leben „eine uns heute ganz fremde naiv-boshafte Freude an den Defekten des lieben Nebenmenschen" geherrscht hat[45]. *Philogelos* enthält viele Witze auf Kosten von Eunuchen, Leuten mit üblem Geruch und Bruchleidenden. Selbst Cicero, der den Redner warnt, nicht die Elenden zu verspotten, er sei denn durch Unverschämtheit dazu herausgefordert, nahm in seine exemplarische Witzsammlung eine Anekdote auf, die seine Sensibilität ins Zwielicht rückt. Er erzählt von einem seiner Bekannten, Caius Sextus, der auf einem Auge blind war, daß Appius zu ihm gesagt habe, „ich werde heute abend mit dir speisen, denn ich sehe, daß du jedenfalls eine Vakanz hast". Cicero bemerkt dazu folgendes: „Dies war ein gemeiner Scherz, sowohl weil er Sextus ohne Provokation angriff, als auch, weil er etwas sagte, das auf alle Einäugigen zutrifft[46]." Offenbar wäre der Witz nach Ciceros Ansicht nicht niedrig gewesen, wenn Sextus den Appius provoziert hätte. Und Ciceros Hinweis auf die Tatsache, daß andere einäugige Menschen sich von dem Witz getroffen fühlen könnten, bedeutet ja doch zumindest, daß er in seinen Betrachtungen der

Wirkung des Witzes den Vorrang gab vor dem Mitgefühl für das Unglück des Einäugigen. Freilich gibt es Häßlichkeit, die Grauen hervorruft statt Lachen, aber Bergson irrte sich in der Annahme, daß der Mensch über die körperlichen Gebrechen anderer nur lache, wenn er sie nachahmen könne, wie z. B. die des Hinkenden oder des Stotterers.

Eine ähnliche Geschichte findet sich bei Quintilian. Obwohl auch er der Ansicht war, Scherze über Unglückliche widersprächen der Humanität, billigt er eine angeblich witzige Bemerkung Ciceros über Vatinius. Der Letztere war lahm. Von dem Wunsch beseelt, die Besserung seines Gesundheitszustandes zu betonen, sagte er, daß er nunmehr drei Kilometer weit gehen könne. „Ja", antwortete Cicero, „denn die Tage werden länger[47]."

Auch die Witzsammlung von Macrobius in den *Saturnalien* enthält eine Reihe von grausamen Sticheleien. Zum Beispiel berichtet er, daß Marcus Lollius einmal einen beliebten Scherz gegen den berühmten Redner Galba gerichtet habe. Er sagte über Galba, der körperlich mißgestaltet war: „Galbas geistige Fähigkeit war schlecht untergebracht[48]." Galba war buckelig.

Im Mittelalter war es nicht anders. In der byzantinischen Literatur wurden die christlichen Grundsätze wenig befolgt, die Konstantin Manasses (um 1100 bis 1150) in seinem Epigramm über „Das Lachen" seinen Lesern einschärfte. Statt nur über die Vergänglichkeit alles Irdischen und über ihre eigenen Schwächen, aber nicht über die Fehler und das Mißgeschick eines Mitmenschen zu lachen, belustigten sich viele Schriftsteller auf andere Weise. „Meistens ist es ein höhnisches, aus persönlichem Haß und Neid oder aus bloßer Spottlust und Schmähsucht entspringendes Lachen, das uns aus den Schriften eines Christophorus von Mytilene, eines Psellos, aus den Akklamationen des Volkes, aus unflätigen Parodien wie der ‚Messe der Bartlosen‘ und aus den Pamphleten vieler unbedeutender Zänker entgegenklingt. Der Zweck dieser Spottschriften und -verse war nicht, die Gegeißelten zu bessern oder Mißstände zu beseitigen, sondern nur herabzuziehen und lächerlich zu machen[49].“

Karl Mannheim hat darauf hingewiesen, daß im mittelalterlichen Drama den Blinden und Lahmen ein komischer Ausdruckscharakter anhaftete[50]. Auch der japanische Humor verschont die Blinden und die Krüppel nicht. In Deutschland war der Schwerhörige noch vor nicht langer Zeit eine häufige Witzblattfigur. In Amerika erfreute sich ein Blinder, der einen Autounfall nach dem anderen hatte, als komische Figur großer Beliebtheit; und John Carson belustigt in seinem Fernsehprogramm noch immer Millionen von Zuschauern mit unappetitlichen Witzen über Gebrechlichkeit und hohes Alter.

Die ehemals weitverbreitete Verspottung körperlicher Defekte bedeutet nicht, daß die Opfer solcher grausamen Scherze weniger litten oder frei von Ressentiment waren. Bereits Plutarch erwähnt, daß Sticheleien über üble Körpergerüche und Blindheit – im Gegensatz zu solchen über Kahlköpfigkeit und krumme Nasen – beleidigend seien. Er fügt hinzu, daß die Verspottung der physischen Defekte eines Machthabers gelegentlich zu den grimmigsten Strafen führen könne. Sein Beispiel: „Antigonus spottete über sich selbst wegen seines verlorenen Auges, und da er einstmals eine mit großen Buchstaben geschriebene Supplik in die Hände bekam, sagte er: ‚Nun wahrlich, das kann auch ein Blinder lesen!' Gleichwohl ließ er den Chier Theokritus bloß deswegen umbringen, weil er auf jemandes Versicherung, er werde begnadigt werden, wenn er nur dem König vor die Augen käme, geantwortet hatte: Nun, da ist meine Begnadigung unmöglich[51]."

In politischen Witzen auf Kosten abwesender Machthaber werden körperliche Defekte oft in Wort und Bild verspottet: Man denke nur an den Klumpfuß von Goebbels, die Dickleibigkeit Görings, die Altersschwäche Hindenburgs oder an de Gaulles lange Nase und birnenförmige Figur. Es gibt auch viele unpersönliche Witze dieser Art, wie den von dem jüdischen Stotterer, der sich um eine Anstellung beim Rundfunk bewirbt und stotternd berichtet, man habe ihm aus Antisemitismus den Posten des Ansagers nicht gegeben.

Neben körperlichen Gebrechen sind geistige Defekte ein Urquell der Komik. Beginnen wir mit dem Irrtum oder dem Mangel an Urteilskraft im Umgang mit der unbelebten Natur. Diese menschliche Schwäche erscheint oft im volkstümlichen Humor in Geschichten von dem Schwimmer, der untertaucht, um im Regen nicht naß zu werden, bis zu Erzählungen von der dummen Bäuerin, die ein Sieb statt eines Schöpflöffels dazu benutzt, Wasser aus dem Brunnen zu holen. In einer alten griechischen Geschichte steht ein Junge nachts auf, um Trauben zu essen. Als sein Vater, eine Kerze anzündend, ihn überrascht, schließt der Junge schnell die Augen und schnarcht im Stehen. Derselbe

Witz ist in vielen späteren Fassungen bekannt, einschließlich der neuen deutschen Version über den Ostfriesen, der sich mit geschlossenen Augen vor den Spiegel stellt, um zu sehen, wie er im Schlafe aussieht. Und es gibt auch ein hübsches koreanisches Sprichwort: „Mit zugestopften Ohren stiehlt er ein Glöckchen."

Ein Vergleich von drei Geschichten – amerikanisch, chinesisch und mittelalterlich-europäisch im Ursprung – verdeutlicht die Zeitlosigkeit des Themas besonders eindringlich. In dem pädagogischen Fernsehprogramm für Kinder, das zuerst in Amerika unter dem Titel „Sesame Street" bekannt wurde, erscheinen zwei Männer, deren Unfähigkeit, die Größenverhältnisse der Körperwelt zu meistern, eine Quelle der Heiterkeit ist. Zum Beispiel versuchen sie vergeblich, einen großen Schrank aus einem Zimmer in ein anderes zu schleppen. Einer von ihnen öffnet die Tür und geht dann zurück, um dem anderen den Schrank tragen zu helfen. Aber als sie beide die Tür erreichen, ist sie wieder zugefallen. Sie wechseln ihre Verrichtungen, aber es nützt nichts, da es keinem von beiden einfällt, die offene Tür festzusperren. Eine Sammlung von Han Tanch'un, einem chinesischen Dichter und Beamten aus dem dritten Jahrhundert v. Chr., enthält die folgende Geschichte mit einer ähnlichen Pointe. „Da war einmal ein Mann in dem Königreich von Lu, der mit einem langen Bambusrohr in der Hand durch das Tor eines Schlosses zu gehen versuchte. Zuerst hielt er das Rohr aufrecht, aber es hinderte ihn oben und unten am Eintritt. Dann hielt er es waagerecht, aber er konnte nicht passieren. Während er sich den Kopf darüber zerbrach, was er tun sollte, sagte ein Passant spöttisch: ‚Ich bin kein Genie, aber an deiner Stelle würde ich die Stange in zwei Hälften sägen: Dann könntest du durch das Tor gehen‘[52].“ Dieselbe Pointe erscheint zum drittenmal in einer Geschichte in den *Gesta Romanorum,* die wahrscheinlich im vierzehnten Jahrhundert zusammengestellt worden sind. Ein Narr hat einen Balken auf seinen Wagen geladen. „Von dem Wunsche beseelt, sein Haus zu betreten, dessen Pforte so schmal und niedrig war, daß er nicht hineinkam, peitschte er wild auf sein Pferd, bis sie beide in einen tiefen Brunnen fielen[53].“ Es ist höchst unwahrscheinlich, daß die lateinische und amerikanische Fassung der chinesischen Geschichte als Vorbild verpflichtet sind.

Im Falle eines Menschen, der sich häufig irrt oder dessen Urteil regelmäßig falsch ist, haben wir es mit einem natürlichen Toren zu tun (d. h. nicht mit einem Menschen, der die Rolle des Narren nur spielt), mit dem Schwachsinnigen, dem glaubensseligen Trottel, der abergläubischen oder zerstreuten Person. Auch Vergeßlichkeit, die als komisches Thema besonders häufig im chinesischen Humor vorkommt, gehört in diese Kategorie. Ob sporadisch oder häufig, Mangel an Urteilskraft ist um so komischer, je absurder seine Folgen sind, z. B. in den vielen Witzen über die Unfähigkeit, Identität und Ähnlichkeit zu unterscheiden. Die Verwechslung von Personen ist immer komisch. Noch komischer ist die Verwechslung von Zwillingen; und diese wiederum am komischsten, wenn der überlebende Zwilling für den gerade verstorbenen gehalten wird. Ebenso allgemein komisch ist die Verwechslung von Einbildung und Wirklichkeit, jedenfalls in der kulturell allerdings variablen Perspektive desjenigen, der das bloß Eingebildete vom Wirklichen zu unterscheiden vermag: Die Angst vor Gespenstern reizt den zum Lachen, der den Glauben an die Existenz von Gespenstern nicht teilt. Schließlich gehören in die Klasse der Witze, in der Dummheit oder Mangel an Urteilskraft belacht werden, die vielen Anekdoten und Witze, in denen ein Mann zum Hahnrei gemacht wird oder einem Hochstapler zum Opfer fällt. Das komische Thema des Betrügers, der bei einem leichtgläubigen Mädchen die Rolle eines Gottes oder Engels spielt, um sie zu besitzen, ist in der Literatur vieler Zeiten und Völker behandelt: bei den Griechen und Römern, in einer indischen *Panchatranta*-Geschichte, in Novellen von Bandello, Boccaccio, Grimmelshausen und vielen anderen[54].

Dummheit ist sehr oft der allgemein-menschliche Grundinhalt milder politischer Witze, die sich über soziale Gegner lustig machen. Mangelhafte Intelligenz wird häufig Bauern und Dienern, Armen und Unterdrückten zugeschrieben, aber auch mit großem Vergnügen den sozial privilegierten Ständen und Klassen.

Graf Bobby erblickt eines Nachts die Sterne am Himmel. „Schau dir das an", sagt er zu seinem Freund Mucki. „Welche Pracht! Welche Fülle! Und wenn man bedenkt: nur für den Bezirk Wien!" Wer diesen Witz zum erstenmal hört, wird vielleicht geneigt sein, ihn für typisch wienerisch und vielleicht auch für unpolitisch zu halten. In Wahrheit ist er weder das eine noch das andere. Obwohl seine Einkleidung wienerisch ist, ist der Grundinhalt an keine Zeit oder Kultur gebunden. *Philogelos* enthält die Geschichte von einem jungen Mann, der den Mond sieht und seinen Vater fragt, ob solche Monde auch in anderen Städten scheinen. Und es gibt einen alten jüdischen Witz, in dem ein orthodoxer Jude im Freien lange Zeit auf den Neumond wartet, um einen Segen zu sprechen. Endlich wendet er sich an einen Unbekannten, der des Weges kommt: „Was soll das heißen, daß der Mond nicht aufgeht?“ Meint der Unbekannte: „Woher soll ich das wissen? Ich bin ka Hiesiger[55].“

In dem Wiener Witz wird überdies auf sanfte und leise Weise eine sozial bevorzugte Schicht herabgesetzt. Wenn auch anders als schärfere Sticheleien des *Simplizissimus* über den preußischen Leutnant im Kaiserreich oder als David Lows Karikaturen und Witze, die Colonel Blimp aufs Korn nehmen, treiben die Bobby-Witze Spaß mit etwas, das ehemals ernst und erhaben war. Es fehlt, wie gesagt, nicht an Gegenstücken. Aus Berlin stammt das folgende, dessen komischer Grundinhalt die törichte Personenverwechslung ist. Im Kasino erzählt Oberleutnant Zitzewitz: „Dolle Sache jestern passiert. Reite durch'n Tierjarten. Seh vor mir kolossal kesse Motte auf Klassejaul. Ick hinterher, reite dicht ran, jrüsse, und stellt euch vor: Is jar keene kesse Motte – is Frau Mama[56].“ Und aus Japan kommt die Geschichte von dem Samurai, die seine Unwissenheit als Analphabet verspottet. Er geht in den Straßen von Kyoto mit seinem Diener spazieren und betrachtet die Inschriften an den Läden. Vor einem Haus mit verschlossener Tür fragt er wispernd: „Was steht auf diesem Schild?“ – „Haus und Laden zu vermieten.“ Der Samurai nickt und antwortet laut: „Die

Handschrift ist schlecht, aber der Stil ausgezeichnet[57]."

Witze dieser Art sind populär, wenn die Machtstellung der verspotteten Gesellschaftsschicht ihr Prestige überlebt hat oder wenn politische Umstände herrschen, in denen der Lebensstil und die Wertvorstellungen der betreffenden Schicht nicht respektiert werden.

Die Geschichte von dem Samurai verspottet nicht nur Unbildung, d. h. einen geistigen Defekt, sondern auch Dünkel – d. h. einen moralischen Mangel. Ein Mann, der vorgibt, etwas anderes zu sein, als er wirklich ist, und damit sich selber betrügt, wird lächerlich, sowie seine Vorspiegelungen nichts fruchten. Es kommt nicht darauf an, worauf sich seine Prätentionen beziehen – Gelehrsamkeit, Mut, Wahrheitsliebe, Würde, oder was auch sonst; sobald andere erkennen, daß er in Wahrheit ungebildet, feige, lügnerisch oder lediglich pompös ist, macht er auf sie einen höchst komischen Eindruck.

„Das Lächerliche besteht in einem bestimmten Defekt. In Anbetracht der verschiedenen Ansichten über das, was Unzulänglichkeit bedeutet, steht die Lächerlichkeit desjenigen Menschen außer Frage, der vorgibt, in derjenigen Hinsicht vollkommen zu sein, in der er in Wirklichkeit einen Defekt hat: Er ist mit seinem eigenen Maßstab gemessen lächerlich[58]." Er ist noch komischer als ein Betrunkener oder ein Mann, der zerstreut ist; er ist so komisch wie ein Betrunkener, der behauptet, ein Abstinenzler zu sein, oder wie der zerstreute Professor, der sich seiner Konzentrationsfähigkeit rühmt.

Witze, die solche Schwächen verspotten, sind oft politisch, z. B. wenn sie protziges Scheinwissen oder unwillkürlich schlechte Manieren von Parvenüs entlarven. Roda Rodas „Leitfaden für Reiche“ enthält eine Liste absurder Verwechslungen von Fremdworten, z. B. Champignon für Champion, Curacao für Kürassier, Antinomie für Anatomie usw.[59]. Man kann darin auch zu weit gehen. So wurde Andreas Gryphius in seiner Komödie *Horribilicribrifax,* in der er die Sprachmengerei geißeln wollte, ein Opfer seiner Eitelkeit; er verwendete nicht weniger als sieben Sprachen, „oft in absichtlichen Verunstaltungen zu komischer Wirkung“, aber offensichtlich auch, um sich seiner eigenen Sprachkenntnisse zu rühmen[60].

Unfälle

Die Komik einer Situation, in der der Mensch zeitweilig seine Würde verliert, weil ihm die Natur ein Schnippchen schlägt, ist unverwüstlich. Einige Psychologen erklären das Lachen auf Kosten des Mannes, der, auf einer Bananenschale ausgleitend, auf seine Nase fällt, als eine Art Erleichterung darüber, daß der Unfall nicht den Lachenden zugestoßen ist. Aber diese Reduktion der Komik auf das Motiv der allgemeinen Schadenfreude sieht von der Tatsache ab, daß wir uns besonders dann schwer des Lachens enthalten können, wenn anspruchsvolle Würde zu Schaden kommt. Das Stolpern des Hochmütigen amüsiert uns mehr als das Fallen der Bescheidenen. Wie George Orwell sagt: „Je größer der Fall, desto größer der Witz. Es würde mehr Spaß machen, eine Sahnetorte auf einen Bischof zu werfen als auf einen Hilfsgeistlichen[61]." Andere Theoretiker sind der Ansicht, daß wir nur über kleine Unfälle lachen, während wir mit den Opfern großer Unglücksfälle Mitleid haben. Kritiker dieser Ansicht zitieren jedoch Homer und Beobachtungen auf den Fidschiinseln, in China und an amerikanischen Schulkindern, um zu beweisen, daß solche Theorien einer falschen Sentimentalität huldigen[62]. Jedenfalls ist die Komik des Unfalls offenbar nicht auf bestimmte Zeiten und Kulturen beschränkt.

In amerikanischen Radaukomödien kommt es irgendwann unweigerlich zu der Szene, in der einem Spieler unversehens die Sahnetorte ins Gesicht geworfen wird. Die Japaner werfen zwar nicht mit Sahnetorten, lachen aber über äquivalente Handlungen. In dem Roman aus dem achtzehnten Jahrhundert *Hizakuriga* von Ikku Jippensha findet Yagi, einer der beiden Hauptcharaktere, ein auf dem Badewasser schwimmendes Holzbrett. Es dient dazu, den Badenden vor Verbrennung zu schützen, indem er es mit den Füßen auf dem heißglühenden Boden der Wanne festhält. Yagi aber nimmt das Brett aus dem Bad und verbirgt es. Dann überredet er Kita, seinen Freund, ein Bad zu nehmen. Die Geschichte schließt damit, daß Yagi vor Lachen über die verbrannten Füße seines Freundes sich nicht halten kann[63]. Die japanische Geschichte erscheint westlichen Lesern grausamer als der amerikanische Humor, obwohl dieser die Japaner mehr schockieren mag, weil er das Gesicht entwürdigt. Umgekehrt sollte man sich davor hüten, die Grausamkeit der japanischen Geschichte für typisch orientalisch zu halten: Spanische, französische und deutsche Pikaro-Romane enthalten eine Fülle von Episoden, in denen Leiden als lächerlich dargestellt sind, die viel schmerzhafter sind als Brandblasen. Und wie schon in der klassischen Komödie und Satire Schmerzen und sogar der Tod (z. B. bei Horaz) komisch sein können, so erregen weder der verprügelte Knecht noch der verprügelte scheinheilige Mönch, weder die mißbrauchte Jungfrau noch der von Flöhen geplagte Narr, der sich einbildet, Jupiter zu sein, notwendigerweise natürliches Mitleid. Selbst der obszöne Unfall, in dem die Tünche der Kultur mit Unflat besudelt wird, gilt seit altersher als komisch. Wenn man sowohl das Lachen der Oberen über den vulgären Tölpel wie das des Volkes über Unfälle und allzu menschliche Schwächen Höhergestellter dem politischen Inhalt von Schwank, Komödie und Pikaroroman zurechnet, dann ist die Ansicht, den politischen Witz gäbe es erst seit dem neunzehnten Jahrhundert, falsch.

Das Paradox der Zeitlosigkeit

Viele unpolitischen Witze scheinen völlig zeitlos zu sein, so daß es äußerst schwierig ist, sie einem bestimmten Kulturkreis, Zeitalter oder einer sozialen Schicht zuzuordnen. Zum Beispiel ist es so gut wie unmöglich zu erraten, woher die folgende Anekdote stammt. Eine Frau wird gefragt, wie es wohl zu erklären sei, daß bei niedrigeren Tieren die Weibchen sich nur zum Zwecke der Fortpflanzung paaren. Sie antwortet: „Sie *sind* eben die niedrigeren Tiere.“ Wir würden nicht annehmen, daß dies in einer Gesellschaft erzählt wird, in der weibliche Zurückhaltung hoch bewertet wird. Aber diese Annahme scheint sich mehr auf die Tatsache zu beziehen, daß eine Frau und nicht ein Mann die unerwartete Antwort gibt. Würde ein Mann die Antwort geben – oder würde ein Mann in der Anekdote erzählen, daß eine Frau die Antwort gegeben habe –, so wäre die Geschichte gröber, wenn auch noch immer witzig. Wenn wir annehmen, daß es sich um einen Witz aus einer höheren Gesellschaftsklasse handelt, was zutreffend ist, so sind wir noch immer ungewiß, welcher Zeit und welcher Nation er angehört. Er könnte aus einer Großstadt unserer Zeit stammen, aber möglicherweise auch aus dem französischen achtzehnten Jahrhundert, aus der italienischen Renaissance oder vielleicht sogar aus dem Munde einer morgenländischen Kurtisane. Schließlich ist es auch nicht ausgeschlossen, daß die Geschichte zuerst von einem leichtlebigen Bohémien in einem unkonventionellen Milieu erzählt worden ist. In Wirklichkeit stammt sie aus dem Rom des frühen fünften Jahrhunderts; man findet sie in der Sammlung von Witzen, die Macrobius in den *Saturnalien* erzählt. Die Zeitlosigkeit dieses Witzes beruht auf seinem allgemein zugänglichen Inhalt und der allgemein wirksamen Technik der Überraschung.

Nun scheint es im Unterschied zu den unpolitischen und besonders den erotischen Witzen und Anekdoten bei politischen Bonmots und Witzen anders zu liegen. Zum Beispiel gab es zur Zeit, als Rudolf Hess nach England flog, eine ganze Reihe von Späßen, die sich mit diesem Vorfall befaßten. Als Witze zünden sie heute nicht mehr, weil das Ereignis nur noch Historiker interessiert.

Politische Witze, die sich auf ein bestimmtes Ereignis beziehen, können dieses aber auch wirksam überleben, wenn dem Ereignis eine symbolische Bedeutung beigemessen wird, welche die Veränderung der Zeiten überdauert. So erzählt Botschafter Helmut Allardt in seinem *Moskauer Tagebuch*, daß im August 1968, zur Zeit des Einmarsches in Prag, ein Witz des legendären Senders Eriwan in Umlauf war, wonach alles seine Ordnung hatte. „Der tschechische Hilferuf – mit dem ja der Kreml bekanntlich den Einmarsch motivierte – sei tatsächlich im März 1939 ergangen, als Hitler in die CSSR einmarschierte. Seine Bearbeitung durch die sowjetische Bürokratie hatte aber geraume Zeit in Anspruch genommen, so daß er erst 1968 positiv habe entschieden werden können[64]." Wenn dieser Witz heute nach mehreren Jahren an Aktualität verloren hat, so kann er doch noch Lachen hervorrufen, weil erstens die Erfahrung bürokratischer Langsamkeit allen Opfern der Bürokratie stets gegenwärtig ist und weil zweitens die schönfärberische Begründung von Gewaltakten keine Sache der Vergangenheit ist.

Ein drittes Beispiel eines zeitgebundenen politischen Witzes illustriert gleichzeitig die Möglichkeit, einen alten Witz neuen Umständen anzupassen, indem man seine Einkleidung ändert unter Beibehaltung der zeitlosen Technik, auf der die Komik beruht. Zur Zeit Ulbrichts erzählte man, daß an die Stelle der Sekunde als neue sozialistische Zeiteinheit das „Ulb" getreten sei. „Das Ulb ist die Zeit, die zwischen dem Ertönen der Stimme Ulbrichts im Radio und dem Abschalten des Gerätes vergeht[65]." Als Ulbricht von der politischen Bühne verschwand, verlor der Witz seine Zündkraft. Dagegen erzählte man sich wenige Jahre später einen sehr ähnlichen Witz in der Bundesrepublik über Minister Friderichs. „Der Wirtschaftsboß trifft Minister Friderichs auf der Straße und grüßt: ‚Guten Tag, Herr Frider!' – ‚Aber ich heiße doch Friderichs!' – ‚Da können Sie mal sehen, wie schnell ich das Fernsehen abschalte, wenn Sie reden!'[66]"

Wanderungen politischer Witze sind besonders leicht verständlich, wenn die betreffenden Länder nicht nur ähnliche politische Herrschaftsverhältnisse aufweisen, sondern auch geographisch und zeitlich benachbart sind. Unter Umständen braucht der Witz nicht einmal zu „wandern". Viele Witze, in denen die Regierung der Deutschen Demokratischen Republik nach dem Zweiten Weltkrieg verspottet wurde, gleichen – bis auf die Einkleidung – Witzen, die von 1933 bis 1945 in Nazi-Deutschland umliefen.

In anderen Fällen wird derselbe Witz über Diktatoren und Diktaturen in verschiedenen Ländern erzählt – ohne Rücksicht auf den Umfang und die Schwere der tyrannischen Bedrückung und trotz zeitlicher oder geographischer Diskontinuität. Der sehr gute Witz über den jüdischen Flüchtling, der zur Zeit Hitlers in seiner Einzimmerwohnung in New York ein Porträt des Führers an die Wand hängt – „gegen das Heimweh", wie er sagt –, wurde ebenfalls nicht nur von dem aus Ostdeutschland nach Westen entkommenen Mann erzählt, der ein Bild von Ulbricht aufhing, sondern auch – wiederum in neuer Einkleidung – von einem Ungarn, der Kadars Regime entflohen war.

Wenn die Veränderung eines politischen Witzes in Einzelheiten geht, die seinen Sinn betreffen, ist es besser, von Bearbeitung statt von Anpassung zu sprechen.

Zum Beispiel gibt es eine Anekdote über die Kaiserin Maria Theresia, die zur Zeit Hitlers in Deutschland wiederauftauchte. Bei einem hohen Empfang litt die Kaiserin hörbar an Blähungen, worauf ein blutjunger Leutnant sich ihr mit den Worten zu Füßen warf: „Verzeihung, Majestät." Die Monarchin erwiderte huldvoll: „Sie sei Ihm gewährt, Herr *Ober*leutnant!"

Dieser Witz, dessen Grundinhalt zeitlos komisch ist, wurde im Hitlerreich dahingehend bearbeitet, daß er die arrogante Grobheit von Nazidiplomaten verspottete. Ein Botschafter unter Ribbentrop bemerkte verärgert bei einem hohen Empfang denselben peinlichen Vorfall; ein französischer Diplomat benahm sich ebenso galant wie der junge Offizier gegenüber Maria Theresia. Als sich die Kalamität wiederholt, springt der deutsche Botschafter auf, schlägt die Hacken zusammen und sagt schmetternd: „Diesen und die drei nächsten übernimmt die deutsche Reichsregierung[67]."

Gegen Ende der Regierung Brandt waren sogar aggressive Witze gegen ihn und seine Politik in Umlauf, die früher gegen Hitler und Stalin erzählt wurden! Für die Lachenden spielte offenbar der Unterschied zwischen Diktatur und Demokratie keine Rolle. Im Dritten Reich war es gefährlich, im Jahre 1974 aber ungefährlich, solche Witze zu verbreiten. Hitler oder Stalin auch nur im Spaß den Tod zu wünschen, war kühn; dasselbe Willy Brandt 1974 zu wünschen, war

eine Maßlosigkeit, die noch nachträglich in Deutschland den gleichen Witz über Hitler seiner Radikalität beraubte.
Auch der unpolitische Witz hat oft eine Einkleidung. An die Stelle der zeitnahen Einzelheit und vertrauter Namen treten bekannte Symbole, die unmittelbar die Erwartung des Komischen auslösen: eine Lokalität, ein gewisser Dialekt, ein ausländischer Akzent, ein altbekannter Charakter, z. B. der Schotte, der Nordfriese, Tünnes und Schäl, ein Mann aus Abdera, Oberst Blimp, Cohn, die Schwiegermutter, ein Kind usw. Wer die Bedeutung dieser Symbole nicht kennt, ist auf den Witz nicht vorbereitet. Ebenso wird niemand, der zum ersten Mal einer modernen Aufführung einer *Commedia dell'arte* beiwohnt, sofort die Hinweise wahrnehmen, die Zuschauer an Höfen und auf Marktplätzen vom sechzehnten bis zum achtzehnten Jahrhundert auf den ersten Blick an Kostüm und Haltung jedes einzelnen Schauspielers verstanden. Sie wußten sofort, daß Harlekin leichtgläubig und schüchtern ist; Brigella ein listiger Diener; Pantalone senil, verleumderisch, geizig und heftig; der Doktor amourös und pedantisch; Pulcinella hin und her schwankend zwischen Tollkühnheit und Angst, zwischen vorgespielter Torheit und vorgespielter Schläue, andere verprügelnd und selbst vielgeprügelt; der Kapitän ein Spanier, dessen Pomp, Prahlerei und Eitelkeit schließlich stets in Feigheit untergehen. Und Scaramuccia – über dessen größten Darsteller im siebzehnten Jahrhundert, Tiberio Fiorelli, La Fontaine schrieb: „Er war Molières Meister, sein eigener war die Natur" – vereinigte, wie jedermann wußte, Lachen und Pathos[68].

Genaue und konkrete Bezeichnungen, die alle politischen Witze an eine bestimmte Zeit und an bestimmte Umstände binden, machen es ebenso wie die typischen Einkleidungen unpolitischer Witze Außenseitern und Neulingen schwer, einheimische Witze völlig zu verstehen. Ohnehin sind Witze und Poesie die letzten Gebiete der neuen Kultur, in der ein Zuwanderer sich sprachlich zu Hause fühlt. Ein Wiener versteht den „typisch" wienerischen Witz leichter als ein Ostpreuße, und der gebürtige Kölner reagiert auf Klein Erna anders als auf Tünnes.

Gelehrte und Laien unterscheiden zwischen attischen, japanischen, jüdischen und anderen ethnischen oder regionalen Witzen. Otto Schöffler hat mit seiner *Kleinen Geographie des deutschen Witzes* sogar eine Art Heimatkunde des deutschen Humors geschrieben. Trotzdem darf man die Bedeutung ethnischer Unterschiede nicht überschätzen. Bei genauer Beschäftigung mit der Sache stellt sich heraus, daß sehr viele neuere Witze alt oder sogar uralt sind und daß viele Witze, die einem bestimmten Volk oder Volksstamm zugeschrieben werden, bei anderen Völkern und in anderen Gegenden ebenfalls bekannt sind, obwohl meistens in anderer Einkleidung. Wenn man von charakteristischen Symbolen dieser Einkleidung absieht, d. h. von Namen, geschichtlichen Hinweisen, spezifischen Dialekten, typischen Figuren usw., dann können Witze nicht so leicht einem bestimmten Stil zugeordnet werden wie etwa Gemälde, Musik, Poesie oder Möbel, Kleider, Waffen und Haartrachten.

Wie erklärt sich dieses Paradox der Überzeitlichkeit des Witzes trotz der Zeitgebundenheit seiner Einkleidung? Die Antwort ist einfach: Die Komik liegt nicht in der historischen, konkreten Einkleidung, obwohl sie die komische Wirkung erhöht oder im Falle von Hinweisen, die dem Hörer völlig fremd sind, diese blokkieren kann, sondern in den Techniken der Überraschung und der Wort- und Sinnspiele sowie in den Grundinhalten des Witzes. Weder die Techniken noch menschliche Defekte und Unfälle sind an Ort, Zeit oder Kultur gebunden. So ist es auch zu erklären, daß gewisse politische Witze, statt von einer Epoche an eine andere überliefert zu werden, jeweils von neuem erfunden werden, weil der Grundinhalt der allgemeinen Erfahrung zugänglich ist. Wir haben bereits verschiedene Witze dieser Art erwähnt und werden im folgenden noch weiteren begegnen.

DIE OPFER DES POLITISCHEN WITZES

Der politische Witz als Akt der Kommunikation

Der politische Witz ist wie jeder Witz eine Mitteilung. Als solche kann man ihn nach dem Schema untersuchen, das ursprünglich von Harold D. Lasswell für die Analyse der Propaganda vorgeschlagen worden ist: *Wer* sagt *was* in welchem *Kanal* zu *wem* mit welchem *Effekt*? „*Wer?*" fragt nach dem Autor, dem Sprecher oder in unserem Fall dem Erzähler oder Urheber des Witzes. „*Was?*" fragt nach dem Inhalt, „*wem?*" nach den Hörern, den Lesern, dem Publikum usw. Man kann dieses Grundschema verfeinern, indem man die in ihm enthaltenen Fragen ergänzt durch weitere, die sich auf andere Aspekte der Kommunikation beziehen, z. B. auf den Zugang zur Mitteilung oder den sozialen Ort, wo politische Witze erzählt werden, usw.

Der *Zugang* kann beschränkt sein durch physische Distanz, Analphabetentum oder Dummheit, aber auch durch politische Zensur. Da nun die Einführung der Zensur ebenso wie ihre Form und Schärfe von politischen Umständen abhängt, so ist der öffentliche Zugang zu politischen Witzen zum Teil eine Funktion der Regierungsform. Wenn die öffentliche Meinung keinen politischen Beschränkungen unterliegt, dann ist es auch möglich, politische Witze furchtlos und straflos zu erzählen. Sind die Bürger dagegen politisch entmündigt, so ist sozusagen Witzlosigkeit geboten.

Es gibt auch Umstände, in denen trotz bestehender Freiheit der Meinungsäußerung nur wenige politische

Witze zirkulieren. Zur Zeit der Großen Koalition waren in Deutschland weniger politische Witze in Umlauf als früher unter den Regierungen, zu denen die SPD in Opposition stand, und später, als die CDU und CSU nicht an der Regierung beteiligt waren. Die Kontroversen in der Politik waren gedämpft. Willy Brandt hielt die Abwesenheit von Witzen zu jener Zeit für eine betrübliche Erscheinung[69].

Johann Martin Chladenius hat bereits um die Mitte des achtzehnten Jahrhunderts darauf hingewiesen, daß sich in den von Zuhörern, Urhebern und „Nachsagern" gebildeten *„Kanälen"* bestimmte Arten der Abweichung von der ursprünglichen Fassung einer Mitteilung genauer bestimmen lassen, und zwar als Resultat von Vergrößerung, Verkleinerung, Verstümmelung, Entstellung, Illustration, Beendigung, Auslassung und so fort. Chladenius wußte auch, daß die „Sehepunkte" der Beteiligten in den Kanälen von psychologischen, kulturellen und sozialen Umständen abhängen. Obwohl diese Untersuchungen vieles von dem vorwegnehmen, was Karl Mannheim als perspektivistisches Denken bezeichnet hat, haben sowohl die Wissenssoziologen als auch die Theoretiker der Meinungsforschung Chladenius weitgehend vernachlässigt.

Man darf übrigens nicht übersehen, daß hochentwikkelte Techniken des Nachrichtenwesens und ihre kommerzielle Ausbeutung die *Kanäle* der spontanen mündlichen Mitteilung niemals völlig verstopfen. Ebenso wie Zeitungen und Bücher nicht Gespräche, Sprichwörter und Gerüchte ersetzen, so verdrängt die bezahlte Unterhaltung im Kabarett, durch das Witzblatt, in Büchern, im Fernsehen oder auf Postkarten und

Schallplatten keineswegs die mündliche, unbezahlbare Verbreitung von Witzen. Und ebenso wie das Gerücht einige der Informationslücken füllt, die durch die politische Reglementierung von Nachrichten entstehen[70], so gewinnen die Flüsterwitze an Bedeutung, wenn politische Kritik öffentlich nicht frei geübt werden kann. In Ulrich von Hassels Tagebüchern, die er geheim von 1938 bis 1944 geführt hat, sind viele Witze erwähnt und so behandelt, als seien sie Nachrichten[71].

Wir wissen mehr über die kommerzielle Verbreitung von Witzen als über den *Ort*, wo sie charakteristischerweise erzählt werden. Aber wir können etwas Einsicht gewinnen, wenn wir auf die Umstände achten, die im Witz selber erwähnt werden: die Begegnung auf der Straße, das Eisenbahnabteil, das Kasino, die Kaserne, der Klub für Herren, der Friseurladen, das Wirtshaus, das Parlament usw. Das Gastmahl war bereits der soziale Ort für Witze, die Macrobius gesammelt hat, und für Plutarchs Diskussion des Ziemlichen und Unziemlichen beim Scherzen. Im Altertum bedankten sich die Parasiten oft für die freie Mahlzeit, die sie im Hause des Gastgebers genossen, indem sie die Gesellschaft erheiterten. In dieser Hinsicht waren sie die Vorläufer jener Pedanten, die heutzutage mit Hilfe eines Notizbuches einen Witz nach dem anderen zum besten geben.

Die bedeutendsten Witze der Renaissance – von Castiglione und Poggio gesammelt – wurden am Hofe von Urbino bzw. im *bugiale* vorgetragen. Die Geselligkeit, die Castiglione beschreibt, war der höfische Vorläufer des späteren städtischen Salons, in dem wiederum die Unterhaltung mit Anekdoten, *Bonmots* und Witzen gewürzt war. Poggios *bugiale* – auf deutsch etwa „Lügenfabrik" – war der Ort, wo päpstliche Sekretäre einander mit lateinischen Facetien unterhielten. In der Einleitung zu seiner Sammlung erzählt Poggio: „Seit der Zeit des Papstes Martin suchten wir uns gewöhnlich ein ruhiges Zimmer, in dem wir einander die Neuigkeiten mitteilten und, um uns abzulenken, über verschiedene ernste und frivole Dinge sprachen[72]." Der *bugiale*, eine Art kirchlicher Klub, weist auf den modernen Rauchsalon für Herren hin. Bis zum heutigen Tag ist auch das Café eine Stätte geblieben, wo Anekdoten, Neuigkeiten und Witze zur Unterhaltung beitragen. Die Titel deutscher Anekdotensammlungen aus dem sechzehnten und siebzehnten Jahrhundert weisen auf andere typische Stätten der heiteren Unterhaltung: Wickrams *Rollwagenbüchlein:* die Postkutsche und – im Untertitel – das Schiff und der Laden des Barbiers; Montanus' *Gartengesellschaft,* Lindners *Rastbüchlein* usw. Anekdoten und Witze wurden aus Grimmelshausens *Ewigwährendem Kalender* und ähnlichen Sammlungen in den Häusern von Handwerkern und Bauern vorgelesen.

Es ist besonders schwierig, genau festzustellen, wo typischerweise die Flüsterwitze in modernen Diktaturen verbreitet werden. Vor der Errichtung der Berliner Mauer im Jahre 1961 wurden Flüchtlinge aus Ostdeutschland allerdings einmal gefragt, wo man sich denn in Ulbrichts Republik die politischen Witze erzähle. Überraschenderweise erwähnten nur acht Prozent der Befragten die Familie als Umschlagplatz der Witze, während nicht weniger als dreiundachtzig Prozent antworteten, daß sie Witze in der Fabrik oder im Büro gehört hatten. Wenn man die Universität und die Schulen zu den Arbeitsplätzen rechnete, dann stieg der Prozentsatz auf achtundachtzig[73].

Für unsere Zwecke ist es wesentlich, die Frage: „Wer sagt was zu wem?" durch einen wichtigen Zusatz zu ergänzen, nämlich: „Auf wessen Kosten?" Der Erfolg eines aggressiven politischen Witzes besteht ja nicht darin, daß er weitererzählt wird und sich ähnlich wie ein Gerücht verbreitet, sondern zunächst einmal darin, daß Zuhörer lachen, statt – wie beim Klatsch – sich moralisch über Dinge zu entrüsten, die sie heimlich entzücken. Die Grundfrage: „Wer sagt was zu wem auf wessen Kosten?", die sich auf den Klatsch anwenden läßt, kann formal dahingehend beantwortet werden, daß der Urheber des Lachens etwas Lachenswertes zu den Lachenden sagt auf Kosten eines Opfers, das somit lächerlich wird.

Oft ist der eigentliche Urheber eines Witzes unbekannt. Für analytische Zwecke kann dann der Erzähler dem Urheber gleichgesetzt werden. Manchmal fallen die Rollen des Urhebers und des Opfers zusammen. Dies ist der Fall bei unfreiwilliger Komik, z. B. der eines Kindes, wenn wir auf Kosten des Urhebers unserer Heiterkeit lachen möchten und gleichzeitig versuchen, das Lachen zu unterdrücken, um die Gefühle des Kindes nicht zu verletzen. Der Clown dagegen will uns auf seine Kosten amüsieren, aber ja eben auch oft auf Kosten eines anderen Clowns. Natürlich ist es möglich, sich selber nicht zu ernst zu nehmen, und bei vorhandener Selbstsicherheit kann man dies sogar in Gegenwart anderer tun, um in ihr Lachen über die

Witze eines Gegners, in denen man verspottet wird, miteinzustimmen. In diesem Falle begegnet das Opfer dem Urheber in der freiwillig übernommenen Rolle eines Lachenden. Möglicherweise verstellt sich das Opfer; wenn es seine Rolle gut spielt, hat es damit zwar nicht notwendigerweise die Qualität des Witzes, aber doch seine Wirkung verringert. Diese Reaktion des Opfers ist freilich nur eine von mehreren, die ihm zur Verfügung stehen. Es kann den Witz auch ignorieren und passiv bleiben; dies ist nicht ganz leicht, wenn der Witz in seiner Gegenwart gemacht worden ist. Wenn das Opfer ein gewitzter Mensch ist, kann es dem Urheber mit einem Gegenwitz antworten, so daß Urheber und Opfer die Rollen tauschen. Dies erfordert, wie auf dem Fechtboden, Schlagfertigkeit, die manche Menschen in beneidenswertem Maße besitzen. Schließlich kann das Opfer eines Witzes auch zu Tätlichkeiten schreiten. Besonders wenn es ihm an Schlagfertigkeit mangelt, kann es den Witzbold und die Lacher verprügeln. Ob es dazu wirklich kommt, hängt von den Sitten des Landes und der Körperkraft des Opfers ab. Beim politischen Witz hängt es offensichtlich von der politischen Form des Gemeinwesens ab wie von der politischen Macht des Opfers.

Wir müssen uns daher das Verhältnis von Urheber, Lacher und Opfer in einem Blickfeld mit politischem Horizont vorstellen. Der Anteil der drei Personen an der Macht ist von großer Bedeutung. Es kommt besonders darauf an, ob der Machthaber sich über die Machtlosen amüsiert, die Machtlosen Witze über die Mächtigen machen oder Urheber und Opfer sich auf der gleichen Machtstufe befinden. Sogar die Selbstverspottung des Mächtigen gleicht nicht der des Machtlosen. Bei den Witzen unter Gleichen bemerken wir ferner bedeutende Unterschiede des Humors je nach der Machtstufe, auf der Gleichheit besteht. Im folgenden werden wir jedoch von feineren Unterschieden absehen. Ebenso werden wir uns nicht weiter mit der besonderen Konstellation befassen, in der ein dem Opfer an Macht unterlegener Erzähler Vergeltung nicht zu fürchten braucht, weil er als Klient eines mächtigen Herrn gegen Rache geschützt ist. Dies ist der Fall des Hofnarren, der mit Witzen auf Kosten der Höflinge seinen Herrn unterhält. In einer anderen, modernen Konstellation ist der Urheber von politischen Witzen auf Kosten der Machthaber oft ein berufsmäßiger Humorist, der straflos für Gewinn und Applaus arbeitet, solange die Mächtigen tolerant sind oder ihnen daran liegt, tolerant zu erscheinen, die Reaktionen des Volkes zu erforschen und möglicherweise in bestimmte Bahnen zu lenken.

Witze unter Gleichen

Witze unter Gleichen spielen als Kampfmittel eine bedeutende Rolle in der Demokratie wie zum Beispiel im Wahlkampf. Kandidaten, die Macht erstreben, können mit aggressiven Witzen über den Rivalen um die Gunst der lachenden Wähler werben, und es kann dabei scharf geschossen werden. Ein bekanntes Beispiel ist der Ausspruch Churchills über Clement Attlee, er sei ein Schaf im Schafspelz.

Eine interessante Form des politischen Witzes unter Gleichen ist der Zwischenruf, mit dem nicht nur der

Kollege im Parlament, sondern auch der Besucher einer Versammlung den Redner aus der Fassung zu bringen sucht. Auch in der demokratischen Wahlversammlung ist das ein Witz unter Gleichen, weil ja der Kandidat als Redner mindestens vorgeben muß, daß er die Wähler bis zum Tage der Abstimmung nicht an Macht überragt. Theodore Roosevelt ist es einmal in einer Wahlversammlung passiert, daß er wiederholt von einem scheinbar Betrunkenen durch den herausfordernden Zwischenruf gestört wurde: „Ich bin ein Demokrat." Theodore Roosevelt, der bekanntlich der Republikanischen Partei angehörte, wurde schließlich ärgerlich, unterbrach seine Rede und fragte den Mann: „Mein Freund, warum sind Sie ein Demokrat?" – „Weil mein Vater und auch mein Großvater Demokraten waren." Darauf Roosevelt: „Und wenn Ihr Vater ein Dummkopf gewesen wäre und auch Ihr Großvater, was würden Sie dann sein?" Der Mann rief laut: „Ein Republikaner!" Dieser Witz wurde in einer abgewandelten und schlechteren Fassung auch gegen Hitler erzählt.

Bei Verhandlungen zu dritt kann der Witz unter Gleichen auch dazu dienen, eine Koalition zwischen Urheber und Lachenden gegen das Opfer zu bilden. Auf der Konferenz in Yalta hat z. B. Franklin D. Roosevelt versucht, das Eis in seinem Verhältnis mit Stalin in witziger Weise auf Kosten Churchills zu brechen.

Eine Stichelei mit einem Gegenwitz zu beantworten, ist eine Kunst, die im Falle des Gelingens unfehlbar das zweite Opfer auf der Strecke läßt. So erzählt man von Talleyrand folgende Geschichte. Über Madame de Staëls Buch *Delphine* ging das Gerücht, daß der Charakter eines alten Weibes darin eine Karikatur des Staatsmannes sei. Darauf Talleyrand zu Madame de Staël: „Nicht wahr, Madame, dies ist das Buch, in dem Sie und ich in weiblicher Verkleidung erscheinen[74]?“ Es ist bemerkenswert, daß ein Schlagaustausch mit genau der gleichen Pointe sich bereits bei Cicero findet[75].

Der Kampf der Gleichen mittels des Witzes kann in einen Austausch von Beleidigungen ausarten, in dem es weniger auf den Beifall des Hörers als auf die moralische Vernichtung des Gegners anzukommen scheint. Ein oft zitiertes Beispiel ist der unglaublich giftige Redewechsel zwischen dem Earl of Sandwich und John Wilkes. Der erstere sagte Wilkes voraus, daß er entweder auf dem Schaffott oder an einer Geschlechtskrankheit sterben werde. „Das hängt davon ab, mein Lord“, erwiderte Wilkes, „ob ich mir Ihre Prinzipien oder Ihre Mätresse zu eigen mache[76].“

Die Königin Victoria sagte einmal über William Gladstone: „Er spricht von mir, als sei ich eine öffentliche Versammlung[77].“ Das Salz dieser Bemerkung scheint ein Gran Selbstverspottung zu sein, das dem Spott über den Primeminister beigemischt ist. In der Demokratie, besonders in den Vereinigten Staaten, ist die Selbstverspottung eine Art Tribut, den viele Politiker dem Prinzip der Gleichheit spenden. John F. Kennedy, Barry Goldwater und andere führende Politiker haben sich gelegentlich selber verspottet[78].

Adlai Stevenson, der den Ruf genoß, sehr witzig zu sein, hat behauptet, daß nach seiner Erfahrung in Wahlkämpfen Selbstverspottung viel wirkungsvoller war, als Witz auf Kosten eines Gegners[79]. Trotzdem scheint es mir, daß der durchschnittliche Wähler andere Vorzüge des Kandidaten höher bewertet als seine Fähigkeit, über sich selber zu lachen. Man erwartet zwar von einem selbstsicheren Menschen, daß er ein gewisses Maß von Spott ertragen kann, aber warum sollte der Wähler davon beeindruckt sein, daß der Kandidat sich selber und damit das wichtige Amt, das er erstrebt, weniger ernst nimmt, als dieses Amt im Urteil des Bürgers ist? Überdies erfordert Selbstverspottung einen Anflug von Melancholie, die Dichtern und Philosophen anstehen mag, aber die Vorbildlichkeit von Helden und Machthabern mindert.

Das Lachen der Mächtigen

Wenn ein Mensch Macht über einen anderen Menschen hat und *mit* ihm, aber nicht *über* ihn lacht, so setzt er ihn nicht herab. Im Gegenteil, Lachen stiftet spielerisch Gleichheit; jedoch ist die wirkliche Ungleichheit nur scheinbar und nur momentan aufgehoben. Der Diener weiß es zu schätzen, daß der Herr ihm erlaubt, mitzulachen. Er hat auch ein Empfinden dafür, daß die Weigerung, zu lachen, unbotmäßig wäre, und wird gegebenenfalls Heiterkeit vorspiegeln, statt den Eindruck symbolischer Auflehnung durch Gleichgültigkeit zu erwecken. Man kann Witze des Herrn in solchen Situationen als patriarchalischen Humor bezeichnen. Wie leicht diese Art Humor in Witz auf Kosten des Unterlegenen umschlagen kann, zeigt eine Anekdote über Konrad Adenauer. In Kabinettssitzungen gaben die Minister ein Zeichen mit dem Finger, wenn sie sich zu Wort meldeten; und der Bundeskanzler verstand es, unliebsame Wortmeldungen zu übersehen. Als er wieder einmal mehrere Versuche eines Kabinettsmitglieds ignoriert hatte, sagte er zu ihm am Ende der Sitzung beim Herausgehen: „Herr X., wenn Sie mal wieder rausmüssen, brauchen Se sich doch nit zu melden[80]." Dieser Witz, in dem der Minister wie ein Schulkind behandelt worden ist, zeigt, wie schnell patriarchalischer Humor aggressiv werden kann.

In sadistischen Schwänken und Witzen wird das Opfer in eine komische Situation versetzt, so daß seine lächerlichen Qualitäten – z. B. Angst oder Hilflosigkeit – besonders sichtbar werden. Die humoristische Literatur des alten Südwestens in Amerika bietet viele Beispiele solcher grausamen Schwänke. In George Washington Harris' *Sut Lovingood's Yarns* (1876) assistiert der pikareske Held beim Abendgottesdienst von Negern, indem er Stinkbomben und Hornissen in der Kirche auf die Gemeinde losläßt. Tumult und jähe Flucht der Schwarzen sind die Folge – und die weißen Leser lachen vermutlich[81].

Die Mächtigen sind keineswegs immer mitfühlend, und ihre Aggressionen richten sich nicht notwendigerweise gegen Rivalen oder heroischerweise gegen andere, die noch mächtiger sind als sie selber. Sie lachen über Schwäche und Ungestaltheit, obwohl Thomas Hobbes das Lachen aus diesem Grunde bemerkenswerterweise für ein Zeichen von Kleinmut gehalten hat[82]. Die soziale Äquivalenz körperlicher Gebrechen ist nun das Vulgäre im weitesten Sinn des Wortes: das Grobe, die Rüpelhaftigkeit, das Machtlose und – in geistig-moralischer Hinsicht – Dummheit, Feigheit, Lüge, Aberglaube und mangelhafte Beherrschung der Sprache. Die extreme Form des Vulgären und Würdelosen ist das Unflätige. Sehr oft gilt es als schlechthin komisch, so daß es keines Witzes bedarf, um es erst lächerlich zu machen. Richard Alewyn hat darauf hingewiesen, daß in der skatologischen Literatur vom vierzehnten bis zum siebzehnten Jahrhundert in Deutschland „die bloße Nennung eines unappetitlichen Vorganges ohne weitere Zubereitung völlig auszureichen schien, um wieherndes Gelächter auszulösen[83]“.

Das Barockzeitalter folgt noch ganz der alten Regel, daß sich die Komödie und die komische Literatur überhaupt mit dem gemeinen Volk zu befassen habe. Die Barockkomödie ist daher voller Vulgaritäten und Unflätigkeiten. Nach Opitz besteht die Komödie „in schlechtem wesen und personen[84]“, und noch Henry Fielding sagte, daß der komische Roman „Personen niedrigeren Ranges und folglich niedrigerer Sitten“ darstelle[85].

Selbst der kürzeste Hinweis auf das Lachen der Mächtigen über die Unterdrückten wäre unvollständig ohne eine Erwähnung des Witzes, der von totalitären Regierungen als Waffe der Propaganda benutzt wird. Seine Opfer sind politische, religiöse und ethnische Minoritäten (oder das feindliche Ausland). Es sind die Witze und Karikaturen, die in den offiziell erlaubten Witzblättern und Kabaretts im nationalsozialistischen Deutschland nicht nur dargeboten werden konnten, sondern dargeboten werden mußten. Auch in den kommunistischen Staaten werden Scherz und Satire ohne tiefere Bedeutung in den Dienst der Politik gestellt[86]. Wie de Jomini nach der Französischen Revolution von dem Aufkommen eines neuen Kriegstypus sprach, den er den „ideologischen Krieg“ nannte, so könnte man diese modernen Geistesprodukte als „ideologische Witze“ bezeichnen, wenn nicht Ideologien immer witzlos wären. Solche Witze wurden übrigens auch von Parteiorganisationen und von der Wehrmacht wie Gerüchte planmäßig verbreitet. Umgekehrt wurde später der spontane Galgenhumor des Volkes über Bombenangriffe von den Behörden in einen Beweis hoher Moral umgemünzt und öffentlich gepriesen.

Interessanterweise waren die von den Nazis erfundenen und verbreiteten nichtswürdigen Witze auf Kosten der katholischen Kirche weniger radikal als einige der echten antiklerikalen Witze, die innerhalb der Hierarchie entstanden sind. Zur Zeit der nationalsozialistischen Devisenprozesse gegen Katholiken wurde beispielsweise der folgende Witz offiziell in Umlauf gesetzt: „Ein Mann kommt zum Arbeitsamt und fragt, ob man für seinen Sohn nicht eine gute Lehrstelle habe. ‚Er will Devisenhändler werden, aber ich will ihn doch nicht ins Kloster schicken!‘“ [87] Man vergleiche dies mit der Schärfe des katholischen Witzes, in dem ein Archäologe aus dem Jesuitenorden dem General seines Ordens in großer Aufregung über die Ausgrabungen berichtet, die er in Jerusalem gemacht hat. Er teilt dem General mit, daß er das Grab Jesu entdeckt habe. „Das ist ja wunderbar“, sagte der General. „Jaja“, sagte der Archäologe, „aber das Grab war nicht leer. Das Skelett Jesu lag darin!“ – „Was Sie nicht sagen“, antwortete der General erstaunt. „Dann hat er ja wirklich gelebt!"[88] Ein Vergleich der antisemitischen Naziwitze mit jüdischer Selbstverspottung weist ähnliche Niveauunterschiede auf.

Eine bestimmte Art von Witzen steht den Mächtigen in der Öffentlichkeit schlecht an: der zynische politische Witz. Er verspottet den Glauben an Werte und nimmt Dinge nicht ernst, welche die Bürger ernst nehmen sollen. Daher untergräbt der zynisch-witzelnde Staatsmann seine Autorität. Man könnte vielleicht sogar fragen, ob es klug war, in einem zum Lobe Willy Brandts verfaßten Buch zu erwähnen, daß der Bundeskanzler den folgenden (guten) Witz besonders schätze. „Was ist der Unterschied zwischen Kapitalismus und Sozialismus?" — „Im Kapitalismus beutet der Mensch den Menschen aus. Im Sozialismus ist es genau umgekehrt[89]." Sehr viel ärger jedoch ist der folgende Vorfall. John F. Kennedy, wegen seiner patriotischen Beredsamkeit ebenso bewundert wie wegen seines Witzes, ermahnte in seiner Antrittsrede als Präsident Millionen von Amerikanern: „Fragt nicht, was euer Land für euch tun kann; fragt danach, was ihr für euer Land tun könnt." Diese rühmlichen Worte wurden rasch berühmt. Nicht lange danach nahm Kennedy an einem Diner in New York teil. Bei dieser Gelegenheit sprach er scherzhaft im selben Sinne, aber nicht im Hinblick auf das Land, sondern auf seine Partei: „Fragt, was ihr für die Demokratische Partei tun könnt." Er wollte die wohlhabenden Gäste zu Geldspenden für die Partei ermuntern. Die Gäste lachten, vielleicht ohne zu bemerken, daß der Präsident den Patriotismus leise lächerlich gemacht hatte.

Die Beobachtung Henri Bergsons: „Im Lachen finden wir immer eine nicht eingestandene Absicht zu erniedrigen“ [90], trifft auf den Witz, in dem Mächtige und sozial Überlegene die Opfer sind, genauer zu als auf das Lachen der Macht über das Elend. Denn die Erniedrigung der Unglücklichen ist durch Natur und Macht gewissermaßen vollendet: Das Lachen ist nur ein Siegel. Auf Witze über die Mächtigen dagegen, gleichviel, ob sie von zynischen Beobachtern der Politik oder aus dem Volk stammen, trifft das Wort George Orwells wirklich zu: „Jeder Witz ist eine winzige Revolution [91].“

Der kühnste Witz auf Kosten der Mächtigen wird in ihrer Gegenwart erzählt. Dies ist natürlich höchst gefährlich. Es gibt ein chinesisches Sprichwort: „Scherze niemals vor einem Prinzen.“ Castiglione und andere haben dasselbe geraten. Sogar der Witz auf Kosten anderer in Gegenwart des Mächtigen gehört sich nicht und kann dem Erzähler schaden, da er ja die Informalität gemeinsamen Lachens dort beansprucht, wo Ungleichheit herrscht und die Haltung respektvoller Distanz von ihm erwartet wird. Dies gilt sogar für alle sozialen Beziehungen, die hierarchisch geordnet sind, und nicht nur für die politische Arena. Der strenge Vater darf sich über sein Kind belustigen, aber nicht das Kind über den Vater. Der Kranke, der gewissermaßen in das Kindheitsstadium großer Abhängigkeit zurückversetzt ist, scherzt nicht mit dem Arzt, während der Arzt seine dominierende Rolle dazu benutzen kann, den Patienten aufzumuntern. „Wie geht es *uns* denn heute?“ fragt der Chirurg – nicht der Patient – am Krankenbett.

Es gibt nur zwei Ausnahmen von der Regel, daß der Schwache nicht in Gegenwart des Starken scherzen darf. Erstens dürfen die Machtlosen sich selber verspotten, da sie damit ihre Unterlegenheit betonen. Wenn alles gut geht, rufen sie Lachen auf eigene Kosten hervor. Poggios alte Sammlung von Facetien enthält die Geschichte von dem Missetäter, der einem strengen Richter gegenübersteht und von ihm weiß, daß er bereits drei seiner Kumpane zum Tode verurteilt hat. Nach seinem Namen gefragt, antwortet der Bursche: „Sedicesimo“ (der Sechzehnte). Der Richter wundert sich sehr über diese Antwort und fordert eine Erklärung. „Herr Richter, dies ist mein Name, weil Ihr bereits drei meiner Freunde dem Henker ausgeliefert habt. Es würde mich freuen, wenn erst noch ein weiteres Dutzend verurteilt würde, bevor die Reihe an mich kommt.“ Der Richter lachte und ließ ihn mit einem blauen Auge davonkommen[92]. Diese Anekdote ist den Geschichten verwandt, in denen der Lohn des Lebens oder der Liebe von der Lösung eines Rätsels abhängt.

Zweitens dürfen Narren und berufsmäßige Humoristen die Wahrheit lachend in Gegenwart der Machthaber sagen und manchmal sogar auf deren Kosten. Sie rufen Gelächter hervor; zum Spaß setzt es manchmal Prügel, aber Narren werden nicht ernst genommen. Es stand anders um die unglückselige alte Frau in Milan, die jeden Tag um ein recht langes Leben für einen höchst grausamen Herzog betete. Als dieser sie fragte, warum sie das täte, gab sie dem Herzog zur Antwort, seine Vorgänger seien weniger grausam gewesen als er, und sie fürchte, sein Nachfolger würde noch grausamer sein als er. Wegen dieser törichten Antwort ließ der Herzog sie umbringen: Sie war eben kein Narr.

Die nur einmal im zehnten Jahrhundert erwähnte Sammlung der arabischen Scherze des Narren Si-Djoha, die das Abendland durch mündliche Überlieferung erreichten, enthält eine Anekdote, die das Verhältnis des Narren zur Macht besonders eindrucksvoll veranschaulicht. Timur-Lenk, der Eroberer, sieht sein Gesicht im Spiegel und weint daraufhin. Seine Höflinge stimmen beflissen in sein Weinen ein. Nach zwei Stunden erst faßt sich der Herrscher wieder, und auch die Höflinge tun es. Aber Si-Djoha, der Narr, weint weiter. Als sein Herr ihn fragt, warum er denn nicht aufhöre zu weinen, antwortet er: „Du hast dich nur einen Augenblick im Spiegel gesehen und dann zwei Stunden lang geweint. Aber ich sehe dich jeden Tag. Wunderst du dich, daß ich länger weine?“ Diese Geschichte erinnert an ein geistreiches Epigramm von Stanislaw Jerzey Lec: „Wo das Lachen verboten ist, ist gewöhnlich auch das Weinen nicht gestattet[93].“ Der Narr darf eben beides tun, lachen und weinen[94]. Nur unter der Herrschaft des Terrors darf nicht gelacht werden oder, genauer gesagt: Es darf nur über Witze gelacht werden, die erlaubt oder offiziell verbreitet sind.

Das Lachen über Machthaber ist nicht das Ergebnis der Aufklärung. Radikal aggressiver Witz beschränkt sich auch nicht auf bloße Kritik der Machtausübung. Das

Opfer der volkstümlichen Witze auf Kosten derer, die Macht, Ehre und Reichtum genießen, wird völlig seiner Würde beraubt und erscheint nackt, ein natürlicher Mensch, als der Niedrigste der Niedrigen. Jeder Anspruch auf Auszeichnung ist demaskiert als Pose. Diejenigen, die sagen, sie seien keusch, sind wirklich Wollüstlinge. Die Tapferen sind Lügner, die die Hosen voll haben. Der Tyrann erweist sich als sexuell impotent. Die Reichen sterben elend wie die Armen. Die Weisen werden wegen ihrer Dummheit ausgelacht. In den Geschichten aus dem fünfzehnten Jahrhundert über den mißgestalteten Bauern Markolf sagt König Salomon, den Markolfs Schwänke erbittern, er wolle nie wieder sein Gesicht sehen. Darauf kriecht der Lump in einen Ofen, so daß der König nur sein Hinterteil sieht. Das Gesetz wird zu einem Zaun mit Lükken, die Ehre ist nichts als eitel Einbildung und die Macht so anfällig wie die Tugend. Selbst das Göttliche wird nicht verschont. Als in Grimmelshausens letzter Novelle die Hoffnung der Juden auf den Messias erfüllt wird – neun Monate nach der erfolgreichen Maskerade eines Kaufmanns als Prophet Elias im Schlafzimmer der lieblichen Esther – ist das neugeborene Kind – ein Mädchen, „ein geschlitzter Messias", wie der Autor sagt[95]. Immer ist das unbändige Lachen der Machtlosen und Unterdrückten die ungestüme Revolte der Natur gegen die Kultur – *physis* gegen *nomos*.

Der bevorzugte Inhalt des politischen Witzes der Machtlosen ist nicht erotisch, sondern skatologisch, obwohl solche Witze nicht scheuen, den Mächtigen Geschlechtskrankheiten und sexuelle Abirrungen zuzuschreiben. Der skatologische Humor ist auch nicht auf die vierhundert Jahre beschränkt, die Alewyn erwähnt. In den *Wolken* des Aristophanes erklärt Sokrates den Ursprung des göttlichen Donners mit einem Hinweis auf Darmbewegungen. Das koreanische Wort für Sternschnuppe ist *pyol-dong*, was wörtlich „Stern-Kot" bedeutet. Die klassische komische Literatur aller Sprachen ist voller Obszönitäten. Bis heute sind sexuelle und besonders skatologische Anspielungen und Ausdrücke beliebt unter Soldaten und in Gefängnissen, bei revoltierenden Studenten und im Lumpenproletariat.

Der aggressive Witz der Machtlosen ist animalisch und erbarmungslos. Aber er zerstört nicht die Macht. Er karikiert sie. Wir müssen nur Karikatur in dem Sinn verstehen, in dem Annibale Carracci, der um 1600 die ersten karikaturistischen Porträts gemalt hat, das Wesen der Karikatur bestimmte. Er sagte, daß die Karikatur wie jedes Kunstwerk dem Leben ähnlicher sei als die Wirklichkeit. Die klassische Kunst suche die vollkommene Gestalt, die Karikatur die vollkommene Mißgestalt[96].

Der Flüsterwitz

Im totalitären Regime werden viele Witze gegen die Regierung aus Angst vor Strafe nur geflüstert und mündlich verbreitet. Aber entgegen einer weit verbreiteten Ansicht ist der Flüsterwitz nicht schlechthin ein Zeichen der Auflehnung. In allen scharf kontrollierten Organisationen, wie in der Armee oder im Gefängnis, gibt es bitteres Lachen. Aber die Soldaten und Gefangenen, die über die Vorgesetzten lachen, deren Befehlen sie folgen, stehen deswegen nicht vor einer Revolte. In Aufständen hören Spott und Lachen auf. Das Lachen über Flüsterwitze erleichtert die Anpassung an die Disziplin des verhaßten und allerdings in Witzen verhöhnten Regimes. Der Flüsterwitz übt die Funktion einer „Ventilsitte" (Thurnwald) aus, die seit je den Menschen geholfen hat, die Beengungen des Lebens durch Tabu, Gesetz und Konvention leichter zu ertragen. Institutionalisierte Möglichkeiten zur Ausschweifung zu bestimmten Zeiten oder Gelegenheiten bestehen in vielen primitiven Gesellschaften, wenn hoch angesehene Spaßmacher ritualistischen Spott mit heiligen Gebräuchen treiben[97]. Im alten Rom war es den Sklaven gestattet, den siegreichen Feldherrn auf seinem triumphalen Umzug zu verhöhnen. Im Mittelalter wurde die kirchliche Rangordnung zuweilen umgestülpt in spöttischen Messen, und heilige Riten waren Gegenstand wilder Scherze. Später waren die Narrengesellschaften in vielen Städten tätig und nahmen der sozialen Disziplin ihren Stachel. Noch heute gibt es den Karneval und die Narreteien des 1. April.

Flüsterwitze können auch die Funktion eines psychologischen Alibis erfüllen. Wenn man sie erzählt oder über sie lacht, kann man nagende, halbbewußte Selbstvorwürfe über Anpassung oder mangelndes Aufbegehren leichter ertragen. Aber Anpassung, gleichviel wie scharf sie mit Witzen gewürzt ist, bleibt Anpassung. Flüsterwitze ersetzen nicht die Rebellion. Wie der Berliner gegen Ende des Zweiten Weltkrieges sagte: „Eh ick mir hängen lasse, jlobe ick an den Sieg."

Der Witz und der Tod

Radikale politische Witze geben dem Wunsche Ausdruck, den Gegner zu vernichten. Sie spielen mit Todesgedanken und verspotten den Feind, indem sie sich über seine Sterblichkeit belustigen, oder genauer, indem sie seinen Tod als komisches Ereignis behandeln. Bemerkenswerterweise sind solche Witze, die dem Bereich des schwarzen Humors entstammen, weder geschmacklos noch vulgär. Der Tod des gerechten Herrschers wird betrauert, der des Tyrannen bringt Erleichterung von Druck und Not, die er den Beherrschten aufgezwungen hat. Der Tod des Helden ist ein tragisches Unglück, aber wir jammern und weinen nicht über das Lebensende von Verbrechern und Schurken. Überdies wissen wir, daß wir alle sterben müssen, und die Komik makabrer Witze besteht nicht eigentlich in dem Todeswunsch, der in ihnen enthalten ist, sondern in der bizarren Wirkung des Todes auf die Lebenden. Makabre Witze banalisieren Tod und Trauer. Radikale politische Witze verwandeln Haß und Unglück in makabres Gelächter.

Makabre unpolitische Witze sind so alt wie das Lachen. *Philogelos* enthält viele komische Geschichten über Grabstellen (in „ungesunden" Gegenden), Leichenreden (zu Lebzeiten des zu Betrauernden verfaßt, damit sich der Redner, aus dem Stegreif sprechend, nicht blamiert), Särge (die zu klein sind und daher für die Kinder aufgehoben werden) und dergleichen mehr. „Ein Abderit hatte seinen verstorbenen Vater nach dem Brauche verbrannt. Dann lief er nach Hause zu seiner kranken Mutter und sagte: ‚Es ist noch etwas

Holz übrig. Wenn Du willst und kannst, laß Dich mit demselben verbrennen[98]!'" In diesem Fall lacht der Zuhörer freilich auch über Dummheit, d. h. die Dummheit des Abderiten. Daß aber das Makabre auch für sich allein komisch sein kann, geht aus der folgenden Anekdote hervor, die Heinrich von Kleist für die „Berliner Abendblätter" schrieb. „Ein Kapuziner begleitete einen Schwaben bei regnichtem Wetter zum Galgen. Der Verurteilte klagte unterwegs mehrmals zu Gott, daß er bei so schlechtem und unfreundlichem Wetter einen so sauren Gang tun müsse. Der Kapuziner wollte ihn christlich trösten und sagte: ‚Du Lump, was klagst du viel, du brauchst doch nur hinzugehen, ich aber muß, bei diesem Wetter, wieder zurück, denselben Weg!'" Kleist schließt diese Anekdote mit der trockenen Bemerkung ab: „Wer es empfunden hat, wie öde einem, auch selbst an einem schönen Tage, der Rückweg vom Richtplatz wird, der wird den Ausspruch des Kapuziners nicht so dumm finden[99]."

Es gibt sehr viele makabre politische Witze, in denen Machthaber ums Leben kommen. Den Bewunderern des Opfers erscheinen solche Witze leicht geschmacklos, obwohl sie es nicht notwendigerweise sind. Freilich, je unverbrämter der Todeswunsch ausgedrückt ist, desto schlechter ist der Witz und dann allerdings vulgär und geschmacklos. Je mehr jedoch das Verständnis der Pointe dem Hörer anheimgestellt ist, desto witziger erscheint die Geschichte, und wenn weder Fanatismus noch Furcht uns hindern, müssen wir lachen. Von Stalin, Hitler, Mussolini und anderen wurde immer wieder erzählt, daß jemand sie an der Wand aufhängen wollte; natürlich meinte er das jewei-

lige Porträt. Dieser beliebte politische Witz war, wenn nicht geschmacklos, so doch seicht. Derselbe Witzinhalt ist ersichtlich komischer in der folgenden Fassung: „An den Mantelhaken im Bundeshaus steht der Hinweis: ‚Nur für Abgeordnete!' Ein Besucher machte die Anmerkung: ‚Auch für Mäntel!' [100]"
Die neueste Fassung eines makabren Witzes ist keineswegs immer die beste. Zum Beispiel erzählte man sich über alle Diktatoren in diesem Jahrhundert die Geschichte, daß der Mächtige, von einem braven Mann in höchster Not vor dem Ertrinken gerettet, diesem aus Dankbarkeit einen Wunsch gewähren wollte. Erst jetzt erkannte der Mann, wem er das Leben gerettet hatte, und rief erschreckt aus: „Bitte, sage niemandem, daß ich dich gerettet habe." In den letzten Monaten der Regierungszeit Willy Brandts vermehrten sich die gegen den Kanzler, sein Kabinett und die SPD umlaufenden Witze. Über Egon Bahr erzählte man sich, daß er in den Rhein gefallen und von drei Jungen aus dem Wasser gezogen worden sei. Der erste Junge erbat sich auf die übliche Freistellung eines Wunsches eine Weltreise, der zweite einen Mercedes 300. Der dritte wünschte sich ein Staatsbegräbnis. Bahr: „Wieso ein Staatsbegräbnis?" „Wenn mein Vater erfährt, daß ich dir das Leben gerettet habe, schlägt er mich tot [101]."
In dieser Fassung ist der Witz geschmacklos, weil er durch die Verdreifachung des Wunsches auf pedantische Weise verdorben und durch die Ziele der Wünsche vergröbert ist. Die Folge ist, daß dem Zuhörer vor Unmut leicht das Lachen vergeht. Noch gröber, ebenso tolpatschig, wegen der kitschigen Form des Hasses eigentlich nichts als politische Verwilderung

widerspiegelnd, ist ein Witz, der zur gleichen Zeit umlief: „Wann ist die Bundesrepublik wieder in Ordnung? – Wenn der Bundeskanzler Strauß am Grab von Willy Brandt die Witwe von Herbert Wehner fragt: ‚Wer hat denn eigentlich Egon Bahr erschossen?' [102]" Wenn es bis zu einem gewissen Grade richtig ist, daß jede Regierung die Witze hat, die sie verdient, so ist es eben auch richtig, daß jeder Witz den Charakter des Erzählers und der Lachenden verrät.

Da der Name eines Menschen nicht nur in primitiven Kulturen als ein integraler Bestandteil des Menschen empfunden wird, sind Witze, die einen Namen entstellen oder mit ihm ihr Spiel treiben, besonders aggressiv. Sie morden auf magische Weise. Der Satiriker Gottlieb Wilhelm Rabener konnte Gottsched wegen seiner kritischen Schärfe und Überheblichkeit nicht leiden. „Auf einer Gesellschaft sprach er immer wieder von ihm als von diesem Sched. Ein Gast fragte Rabener: ‚Sagen Sie einmal, warum nennen Sie denn den berühmten Mann immer nur ‚Sched'?' Worauf Rabener mürrisch erklärte: ‚Man soll den Namen Gottes nicht mißbrauchen.' [103]" Ein Freund von mir, ein berühmter politischer Philosoph, nannte „Hitler" und „Heidegger" stets nur „Gitler" und „Geidegger". Als ich ihn fragte, warum er das täte, antwortete er, obwohl er den Kommunismus nicht weniger als den Nationalsozialismus haßte: „Im Russischen sagt man ‚G' statt ‚H'."

Es gibt auch makabre politische Witze, die dem Galgenhumor nahestehen und den Bereich des Politischen in ein melancholisches Dunkel hüllen. Der folgende Witz hoher Qualität befaßt sich auf diese Weise mit der

Lage des Menschen in unserer Zeit und zieht fast unmerklich den bürokratischen Leerlauf aller Regierungen mit in das Dunkel hinein. Der Witz stammt aus Rußland und wird dem Radio Eriwan zugeschrieben. „Was sollen wir im Falle eines atomaren Angriffs tun?" Antwort: „Zieh ein Leichenhemd an und geh langsam auf den nächsten Friedhof." „Warum langsam?" „Damit keine Panik entsteht[104]."

Derselbe Witz könnte aus einer demokratischen Umgebung stammen. Seine sarkastische Melancholie paßt auf die moderne Zivilisation als solche und ist nicht auf eine bestimmte Regierungsform beschränkt. Der Sinn des Witzes ähnelt der Stimmung des nüchternen französischen Bauern in der Vaucluse, der sich im Jahre 1951 weigerte, dem guten Rat von Fachleuten zu folgen, seine wirtschaftliche Lage zu verbessern: „Aprikosenbäume pflanzen? So daß die Russen und Amerikaner die Gärten als Schlachtfeld benutzen können? Danke. So dumm bin ich nicht[105]."

ANMERKUNGEN

1 Philogelos. Der Lachfreund von Hierokles und Philagrios. Griechisch und deutsch, mit Einleitung und Kommentar von Thierfelder, A. München: Heimeran Verlag 1968, S. 125

2 Blyth, R. H.: Oriental Humor. Tokyo: The Hokuseido Press 1959, S. 485

3 Philogelos, S. 27

4 Einige Herausgeber von Sammlungen politischer Witze unterscheiden zwischen persönlichen und unpersönlichen Witzen. Vgl. Hirsche, K.: Der „braune" und der „rote" Witz. Düsseldorf, Wien: Econ Verlag 1964, S. 33 ff.

5 Swoboda, P.: Lach leiser, Genosse, 2. Folge. München, Eßlingen: Bechtle Verlag 1969, S. 46–47

6 Novitski, J.: The New York Times, 3. 5. 1972

7 Henkels, W.: ... aber der Wagen rollt. Walter Scheel anekdotisch. Düsseldorf, Wien: Econ Verlag 1974, S. 42

8 Aus der vorzüglichen Sammlung: Humor seit Homer. Reinbek bei Hamburg: RoRoRo Taschenbuch Verlag 1964, S. 119

9 Zitiert nach der englischen Übersetzung von Castiglione: Il Cortegiano, von Sir Thomas Hoby. Everyman's Library, S. 151

10 Harris, L. A.: The Fine Art of Political Wit. New York: E. P. Dutton 1966, S. 25

11 a. a. O., S. 225

12 a. a. O.

13 Pauls, R. F.: „Der diplomatische Beginn in Israel." In: Das Parlament, Bd. XXII, N. 45, 4. 11. 1972, S. 9

14 Harris, S. 100

15 P. Fuchs in seinem Nachwort zu „Witz der Kölner". In: Ganz Deutschland lacht. München, Wien, Basel: Kurt Desch 1975, S. 152

16 a. a. O., S. 196

17 Cicero: De Oratore, II, LIX

18 Dor, M., und Federmann, R.: Der politische Witz. München: Deutscher Taschenbuch Verlag, 5. Aufl. 1971, S. 63

19 a. a. O., S. 71

20 Die Geschichte ist abgedruckt in Hibbett, H.: The Floating World in Japanese Fiction. Freeport, N. Y.: Books for Libraries Press 1970, S. 38

[21] Heine, H.: Sämtliche Werke, hrsg. von Bölsche, W. Berlin: R. Trenkel, o. D., Bd. I, S. 129–131

[22] Wu Ch'eng-en: Monkey. Übers. aus dem Chinesischen ins Englische von Waley, A. New York: Grove Press. Evergreen edition, 1958, S. 19. – Über Humor im „Affen" vgl. Wells, H. W.: Traditional Chinese Humor. Bloomington: Indiana University Press 1971, S. 169 ff.

[23] Zitiert von Bier, J.: The Rise and Fall of American Humor. New York: Holt, Rinehart and Winston 1968, S. 158

[24] Bergson, H.: Laughter. An Essay on the Meaning of the Comic. Englische Übersetzung von Brereton, C. und Rothwell, F. New York: The Macmillan Co 1928, S. 5. – Vgl. auch Zijderveld, A. C.: „Jokes and their Relation to Social Reality." In: Social Research, Bd. 35, 1968, S. 290

[25] Morgenstern, C.: Alle Galgenlieder. Wiesbaden: Insel Verlag 1952, S. 76

[26] Jackson, Dr. H.: „An Address on the Psychology of Joking." Vorgetragen bei der Eröffnung der Medical Society of London, Oktober 1887. In: British Medical Journal, 22. 10. 1887. – Ich verdanke den Hinweis auf diesen bemerkenswerten Vortrag Prof. Sybil Barten. – Hughlings Jacksons Beispiel lautet: „When is a little girl not a little girl? – When she is a little horse (hoarse)."

[27] Jackson, S. 360

[28] Mittler, F.: Gesammelte Schüttelreime. Hrsg. von Torberg, F. Wien, München: Gardena Verlag 1969, S. 70

[29] Waldemar, C. in der „Einleitung" zu Nestroy, J.: Lumpazivagabundus – Einen Jux will er sich machen – Der Zerrissene. München: Wilhelm Goldmann Verlag 1959, S. 8

[30] Speier, H.: „The Pitfalls of Political Humor." In: Force and Folly. Cambridge, Mass: The M. I. T. Press 1969, S. 83

[31] Philogelos, S. 87

[32] Dor und Federmann, S. 53

[33] Blyth, S. 487

[34] Opie, I. und P.: The Lore and Language of Schoolchildren. London: Oxford University Press 1959, S. 19

[35] a. a. O., S. 24

[36] Zimmer, H.: Philosophies of India. Hrsg. von Campbell, J. Princeton: Princeton University Press, Bollingen paperback, 1969, S. 409

37 Orelia, G.: The Comedia dell' Arte. New York: Hill and Wang 1969, S. 15

38 Rätsel aus aller Welt, hrsg. von Rauch, K. Düsseldorf: Diederichs Taschenausgaben 33, 1965, S. 166 und 45

39 Das war Dada. Dichtungen und Dokumente. Hrsg. von Schifferli, P. München: Deutscher Taschenbuchverlag 1963, S. 63

40 a. a. O., S. 32

41 Liede, A.: Dichtung als Spiel. Berlin: Walter de Gruyter 1963, Bd. I, S. 143

42 Das war Dada, S. 35

43 Liede, Bd. I, S. 170

44 a. a. O., S. 172 ff.

45 Süß, W.: Lachen, Komik und Witz in der Antike. Zürich, Stuttgart: Artemis Verlag 1966, S. 31

46 De Oratore, II, LX

47 Quintilian: Institutio Oratoris, VI, 3, 77

48 Macrobius: The Saturnalia. Übers. von Davis, P. V. New York: Columbia University Press 1969, S. 178

49 Soyter, G.: „Humor und Satire in der byzantinischen Literatur." In: Bayerische Blätter für das Gymnasialschulwesen, Bd. 64, 1928, S. 147

50 Mannheim, K.: Beiträge zur Theorie der Weltanschauungsinterpretation. Wien: Österreichische Verlagsgesellschaft Eduard Hoelzel 1923, S. 18

51 Plutarch: Moralia. Vermischte Schriften. Übers. und hrsg. von Kaltwasser. München, Leipzig: Georg Müller 1911, Bd. I, S. 59

52 Blyth, S. 98

53 Gesta Romanorum, übers. von Swan, Rev. C., ins Englische. New York: Dover Publications 1959. Geschichte CLXV, S. 314

54 Weinreich, O.: Der Trug des Nektanebos. Leipzig, Berlin 1911

55 Philogelos, S. 49; Humor seit Homer, S. 81

56 Ganz Deutschland lacht, S. 61

57 Blyth, S. 496

58 Strauss, L.: Socrates and Aristophanes. New York: Basic Books 1966, S. 143

59 Roda Rodas Geschichten, hrsg. von Rezzori, G. von. Reinbek bei Hamburg: RoRoRo Taschenbuch 1956, S. 68–70

60 Palm, H.: „Vorwort des Herausgebers." In: Andreas Gryphius: Werke. Hildesheim: Georg Olms Verlagsbuchhandlung 1961, Bd. I, S. 60

61 Orwell, G.: „Funny, but not Vulgar" In: The Collected Essays, Journalism and Letters of George Orwell. New York: Harcourt Brace 1968, Bd. III, S. 284

62 Rapp, A.: The Origins of Humor. New York: E. P. Dutton 1951, S. 38

63 Jippensha, Ikku: Hizakuriga. Tokyo: Toa Bungei Shao, o. D., S. 26

64 Allardt, H.: Moskauer Tagebuch. Düsseldorf, Wien: Econ Verlag 1973, S. 45

65 Hirsche, S. 222

66 Kühn, J.: Brand(t) Witze. München, Berlin: F. A. Herbig 1974, S. 56

67 Gamm, H.-J.: Der Flüsterwitz im Dritten Reich. München: Bechtle Verlag, 2. Aufl. 1971, S. 107

68 Orelia, S. 114

69 Ihlefeld, H.: Willy Brandt anekdotisch. München: Bechtle Verlag, 2. Aufl. 1971, S. 107

70 Dröge, F.: Der zerredete Widerstand. Soziologie und Publizistik des Gerüchts im 2. Weltkrieg. Düsseldorf: Bertelsmann Universitätsverlag 1970

71 Hassel, U. von: Vom anderen Deutschland. Zürich: Atlantis Verlag 1946, S. 45, 59, 217, 220

72 Zitiert von Storer, E., in der Einleitung zu seiner Übersetzung: The Facetiae of Poggio and Other Medieval Story-Tellers. London: George Routledge 1928, S. 9

73 Krach, U.: Pankow scharf pointiert. Der politische Witz in Mitteldeutschland. Bad Godesberg: Hohwacht 1961, S. 19

74 The Little Book of Famous Insults, hrsg. von Ramsey, B. J. Mount Vernon, N. Y.: The Peter Pauper Press 1966, S. 24

75 De Oratore, II, LXVIII

76 Harris, S. 16

77 Ramsey, S. 45

78 Über Barry Goldwaters Humor vgl. Encyclopedia of Jewish Humor, hrsg. von Spalding, H. D. New York: Jonathan David Publ. 1969, S. 369 ff.

79 Harris, S. 248

80 Henkels, W.: Doktor Adenauers gesammelte Schwänke. Düsseldorf, Wien: Econ Verlag 1966, S. 79

81 Harris, G. W.: Sut Lovingwood's Yarns, hrsg. von Inge, M. T. New Haven, Conn.: College & University Press, 1966, S. 128–137. – Vgl. auch Lynn, K.: „Violence in American Literature and Folklore." In: Graham, H. D. und Gurr, T. R.: Violence in America. Historical and Comparative Perspectives. A Report Submitted to the National Commission on the Causes and Prevention of Violence. New York: Bantam Books 1969, Kap. 6, S. 226–242

82 Hobbes: Leviathan, I, 6

83 Alewyn, R.: „Nachwort" zu Beer, J.: Das Narrenspital (1681). Hamburg: Rowohlt Klassiker 1957, S. 149

84 Opitz, M.: Buch von der deutschen Poeterey (1624), hrsg. von Braune, W. Tübingen: Max Niemeyer Verlag 1954, S. 20

85 Fielding, H.: Author's Preface zu Joseph Andrews

86 Verschiedene Bücher über Witze zur Zeit Hitlers sind in den Anmerkungen zitiert. Ein besonders nützlicher kritischer Aufsatz über diese Literatur ist Torberg, F.: „Fug und Unfug des politischen Witzes." In: Der Monat. Jg. 19, 1967, S. 35 bis 42. – Über das Kabarett in der Nazizeit vgl. Greul, H.: Bretter, die die Zeit bedeuten. Köln, Berlin: Kiepenheuer & Witsch 1967, S. 324–366. – Über Witze und Karikaturen in kommunistischen Ländern vgl. auch Andreevich, E.: The Kremlin and the People (russisch mit englischer Einleitung). München 1951; Swearingen, R.: What's so Funny, Comrade? New York: Praeger Paperback 1961; Jacobi, H.: Gut geflüstert, Genosse. 3 Bde. Bern: Verlag Schweizerisches Ostinstitut; Bazarov, B.: Im Prinzip Ja. Flüsterwitze vom Sender Eriwan. München: Goldmanns Gelbe Taschenbücher, Bd. 2777; Schiff, M. Radio Eriwan. Frankfurt a. M.: Fischer Taschenbuch Verlag 1972

87 Hirsche, S. 71

88 Der klerikale Witz, hrsg. von Bemmann. Olten, Freiburg i.B.: Walter-Verlag, 2. Aufl. 1970, S. 102–103

89 Ihlefeld, S. 137. Vgl. auch S. 103

90 Bergson, S. 148

91 Orwell, Bd. 3, S. 284

92 The Facetiae of Poggio, S. 46

93 Lec, J. S.: Neue unfrisierte Gedanken. Hamburg: Karl Hanser Verlag, 6. Aufl. 1967, S. 59

94 Über den Narren vgl. Speier, H.: „The Fool and the Social Order". In: Speier, Kap. 12

95 Vgl. Speier, H.: „Grimmelshausen's Laughter." In: Speier, Kap. 16

96 Gombrich, E. H. und Kris, E.: Caricature. Middlesex: King Penguin Books 1940, S. 10–11

97 Levine, J.: Motivation in Humor. New York: Atherton Press 1969, Kap. 14

98 Philogelos, S. 73

99 Kleist, H. von: Sämtliche Werke, hrsg. von Michael, F. Leipzig: Insel Verlag (o. J.), S. 1131

100 Kühn, S. 54

101 a. a. O., S. 14

102 Der Spiegel, Jg. 28, 11. 2. 1974

103 Humor seit Homer, S. 155

104 Levi, A. „Moscow Laughs." Ursprünglich in: Corriere della Sera, 2. 12. 1961

105 Wylie, L.: Village in the Vaucluse. Cambridge, Mass.: Harvard University Press 1957, S. 33

Aus der Reihe

Texte + Thesen

1 Otto B. Roegele
Die Zukunft der Massenmedien

2 Erwin K. Scheuch
Haschisch und LSD als Modedrogen
Wunschdenken und Tatsachen

3 Golo Mann
Von Weimar nach Bonn
50 Jahre deutsche Republik

4 H.-J. Wasserburger
Wieviel Tier ist der Mensch?
Vergleichbare Verhaltensweisen

5 Rolf Geyer
Entspannung · Neutralität · Sicherheit

6 Anton Böhm
Ost - West Konfrontation oder Koexistenz?

7/8 Gerd Krämer
Wie fern ist uns Olympia?

9 Herwig Gückelhorn
Inflation – Schicksal oder Schuld?

10 Otto Gritschneder
Ehescheidung in der Reform
Eine kritische Dokumentation

11 Karl-Theodor Frhr. zu Guttenberg
Die neue Ostpolitik
Wege und Irrwege

12 Eduard Verhülsdonk
Logenplatz im Universum
Eine kosmische Standortbestimmung

13 Helmut Schoeck
Ist Leistung unanständig?

14 Hans Ludwig Zankl
Image und Wirklichkeit

15 Helmut Kohl
Hausputz hinter den Fassaden
Praktikable Reformen in Deutschland

16 Anton Böhm
Die Lage der Nation – moralisch

17 Nicolaus von Grote
Stimmen aus dem sowjetischen Untergrund

Aus der Reihe

Texte + Thesen

18 Pascual Jordan
Wie frei sind wir?
Naturgesetz und Zufall

19 Heinz Heckhausen
Begabungsentfaltung für jeden

20 Fritz Neef
Industriegesellschaft ohne Unternehmer?

21 Harald Steinert
Unser Planet Wasser
Schatzkammer der Menschheit?

22 Hans Maier
Zwischenrufe zur Bildungspolitik

23 Otto B. Roegele, Hrsg.
Kleine Anatomie politischer Schlagworte

24 Hans Georg Wunderlich
Mensch und Erde
Gefahr und Chance der Evolution

25 Helmut Swoboda
Hat die Zukunft eine Zukunft?
Vom Wachsen in einer endlichen Welt

26 Winfried Schlaffke
Akademisches Proletariat?

27 Joseph Meurers
Wissen nährt Nichtwissen
Naturforschung heute

28 Helene Schreiber
Kommt der Realismus wieder?
Zur Kunst der Gegenwart

29 Horst Wetterling
Ist Autorität unmenschlich?

30 Helmut Schelsky
Friede auf Zeit
Die Zukunft der Olympischen Spiele

31 Peter Dittmar
Gelbe Gefahr – Rote Gefahr?
China zwischen Buchweisheit und Klassenkampf

32 Wolfgang Kuhn
Biologischer Materialismus
Der Mensch ist keine Maschine

33 Heinz Beckmann
Hat das Theater ausgespielt?

Aus der Reihe

Texte + Thesen

34 Hugo Andreae
Berufsbildung – Bildung der Beherrschten?

35 S. v. Malewsky-Malewitsch
Auf Marx wird Rabatt gegeben
Sowjetalltag bei Licht besehen

36 Hans Maier
Die Grundrechte des Menschen im modernen Staat

37 Helmut Schoeck
Umverteilung als Klassenkampf?
Zur Politik und Psychologie der Vermögensbildung

38 Klaus Hoff
Wie modern ist konservativ heute?

39 Hans J. Fahr
Raumzeitdenken – Zwangsvorstellung Unendlichkeit

40 Otto B. Roegele
Medienpolitik – und wie man sie macht

41 Rudolf Rohlinger
Die überschätzte Kamera
Fernsehen – nahbesehen

42 Peter Coulmas
Radio ohne Zukunft?
Wiederkehr und Wandel eines Mediums

43 Otto B. Roegele, Hrsg.
Das dritte Alter
Abgeschrieben oder aufgewertet?

44 Josef Hitpass
Radikale Minderheit – Schweigende Mehrheit
Zur Verhaltensgestalt der studentischen Jugend

45 Heinz Pentzlin
Die Kinder des Wohlstands
Herausforderung der Jugend?

46 Horst Jürgen Helle
Familie – Zwischen Bibel und Kinsey-Report

47 Lothar Bossle
Das Gewissen in der Politik

48 Thomas Nipperdey
Konflikt – Einzige Wahrheit der Gesellschaft?
Zur Kritik der Hessischen Rahmenrichtlinien

49 Heinz-Dietrich Ortlieb
Vom Volkskapitalismus zur Playboy-Demokratie

Aus der Reihe

Texte + Thesen

50 Hans Schaffner
Die Multinationalen – Ausbeuter oder Triebkraft der Weltwirtschaft?

51 Erwin K. Scheuch
Kulturintelligenz als Machtfaktor

52 Wolfgang Längsfeld
Ästhetik im Alltag
Über die sinnliche Qualität der Dinge

53 Botho Kirsch
Kalter Friede – was nun?
Die Konfliktstrategie der Sowjets

54 Bahro, Becker, Hitpass
Abschied vom Abitur?
Hochschulzugang zwischen Numerus clausus und Massenbildung

55 Erich Gysling
Magnetfeld der Ungleichen: Amerika – Europa

56 Werner Betz
Aufs Maul geschaut
Deutsch – wie es wurde und wirkt

57 Theo M. Loch
Interdependenzen
Wer hängt von wem ab?

58 Hans Speier
Witz und Politik
Essay über die Macht und das Lachen

59 Joachim Illies
Nicht Tier, nicht Engel
Der Mensch zwischen Natur und Kultur

60 Kurt Reumann
Blick ins Innere: Berichte von der akademischen Front

61 Friedr. Graf von Westphalen
Wird die Justiz unterwandert?
Der Ruf nach dem politischen Richter

Die Reihe wird fortgesetzt – Fordern Sie Sonderprospekte an:

Edition Interfrom AG · Zürich
Vertrieb für die Bundesrepublik Deutschland:
Verlag A. Fromm · Osnabrück